社 会 科 学 研 究 方 法 系 列 丛 书

Beginning Quantitative Research

Malcolm Williams
Richard D. Wiggins
W. Paul Vogt

如何做定量研究?

马尔科姆·威廉姆斯　　理查德·D. 威金斯　　W. 保罗·沃格特 / 著

王金水 / 译

中国人民大学出版社
·北京·

献给 W. 保罗·沃格特

W. 保罗·沃格特（W. Paul Vogt）与马尔科姆·威廉姆斯（Malcolm Williams）、理查德·D. 威金斯（Richard D. Wiggins）共同担任"SAGE 定量研究系列工具书"的创始主编。但很不幸的是，保罗于 2016 年去世。然而，他在生前为这本先导性书籍做出了贡献。我们就成稿应该是什么样子的进行了多次讨论。在完成本书的过程中，我们试图尽可能忠实于保罗的遗志。

作者简介

马尔科姆·威廉姆斯是卡迪夫 Q-Step 定量方法教学中心的教授兼联合主任。直至 2014 年 7 月，他一直担任卡迪夫大学社会科学学院院长；在此之前，他担任普利茅斯大学社会研究方法学教授。他曾出版 10 余本著作，发表 100 多篇文章。他的主要研究兴趣是社会研究中的方法论和哲学问题，特别是客观性、概率、因果关系和代表性问题。他最近的著作是《社会研究哲学中的关键概念》（2017 年）和《社会科学中的现实主义与复杂性》（2020 年）。他过去从事的实证研究包括对流浪人员的调查（使用捕获-重捕获法）和纵向人口普查数据分析，以探索家庭形成/解散和逆城市化移民。在过去的几年里，他主要关注定量方法的教学。

理查德·D. 威金斯是英国伦敦大学学院社会研究所纵向研究中心的名誉教授，该中心是新成立的伦敦大学学院社会研究所的一部分。他于 2007 年加入伦敦大学教育学院，担任定量社会科学首席专家和定量社会科学系主任。2011 年至 2013 年，他担任纵向研究中心方法论主任，2013 年后重返教学岗位，担任研究员、博士生导师和教师。在加入该研究所之前，他在伦敦城市大学成功完成了社会研究方法和统计学硕士学位课程。他早期曾供职于地方和中央政府，在流行病学、精神病学和社区医学领域工作。他的方法论兴趣包括二手数据的纵向分析、调查设计、态度测量和抽样方法。他的研究涵盖中学教育对成年后的社会结果，如政治信任、老龄化和福祉的影响。

W. 保罗·沃格特 是伊利诺伊州立大学研究方法与评估名誉教授，在那里他获得了教学和研究奖项。他专门研究方法选择和项目评估，并对整合多种方法特别感兴趣。他的著作包括《宽容与教育：学会与多样性和差异共存》（1998 年）、《专业人士定量研究方法》（2007 年）和《改善群体间关系的教育计划》（与 Walter Stephan 合编，2004 年）。他还完成了 SAGE 另外一个系列的图书中的 4 卷：《社会研究方法中的 Sage 基准：选择研究方法》（2008 年）、《数据收集》（2010 年）、《定量研究方法》（2011 年），以及与 Burke Johnson 合作的《相关性和回归分析》（2012 年）。他最近的著作包括合著的《何时使用什么研究设计》（2012 年）和《为您的数据选择正确的分析：定量、定性和混合方法》（2014 年）。

目　录

第 **1** 章

本系列工具书简介

本章概要

- 什么是社会研究?
- 什么是定量研究?
- SAGE 定量研究系列工具书的用途
- 关于本书
- 本章小结
- 拓展阅读

2 ## 1.1 什么是社会研究？

　　社会研究主要通过调查让社会科学家去理解、解释和预测我们所处的社会世界。社会研究在研究的规模和研究的方法上都存在巨大的差异，既涵盖了那些能够利用微观方法研究的小规模群体或个体，也涵盖了那些利用数以百万计社交互动信息的大数据研究。毋庸置疑的是，不同的研究性质和规模会指向不同的方法论与具体分析方法。从广义上来讲，社会研究的方法论可以分为定性研究方法和定量研究方法，虽然两种方法的哲学起源不同，但在实践中二者的分歧并不总是十分明显。事实上，许多研究会综合采用定量和定性研究方法，也即所谓的"混合研究方法"（Tashakkori & Teddle，2010）。此外，一些新的研究方法，尤其是那些利用社交媒体数据的大数据研究，使得定量研究方法和定性研究方法之间的区别不再那么明显（Williams，2021）。

　　社会研究是很重要的，因为它能告诉我们人类社会是什么样的，并且社会研究能够在微观和宏观两个层面上提供对行为、观念和动机的解释。现代社会离不开社会研究，始于 2020 年年初的新冠（COVID‐19）疫情大流行进一步佐证了这一观点，因为对于了解病毒的流行与传播现象，以及了解那些帮助控制或加速病毒传播的行动而言，社会科学的知识和生命科学的知识一样重要。例如：在宏观层面上，人口的流动和人类行为是如何影响病毒的流行与传播的？在微观层面上，我们应该如何理解在病毒流行中个体的观念和行为？

　　这仅仅是在撰写本系列工具书①时的一个例子，但我们也能很容易地想到社会生活中那些与社会研究相关的众多领域，如犯罪与司法、教育、

---

　　①　本书中提到的"本系列工具书"均指"SAGE 定量研究系列工具书"，即由 SAGE 公司出版的图书系列。SAGE 定量研究系列工具书当中的第 5 卷和第 11 卷也将由中国人民大学出版社出版中文版本，欢迎各位读者关注。——译者注

住房、就业、性别和种族问题等。这些领域也会以复杂的方式相互作用，因此研究者需要使用一系列从简单到复杂的研究方法来探究这些跨领域的问题。但在这些方法背后均存在着不同的原理，研究人员可以根据原理来选择适合的方法。

　　本系列工具书的主要目的就是向读者介绍相关的研究方法及其背后的原理。

1.2 什么是定量研究？

　　定量研究是关于数量的研究，它侧重于测量，例如某种东西有多少，某件事情发生了多久。定量研究也是关于解释和预测的研究，例如解释某件事情为什么发生，以及对未来是否会再次发生进行预测，等等。在通常情况下，定量研究不可避免地被认为处于定性研究的对立面。定量研究一个最简单的定义是，它是对数据资料以数字的形式进行收集和编码的研究方式；相反，那些对数据资料以文字的形式进行收集和编码的则为定性研究。除了这些表面上的差异，定量研究和定性研究之间在认识论、世界观以及本体论上也存在较大的区别，这些问题也得到了社会研究方法领域学者的重视和讨论。但本系列工具书的目的并不是讨论二者的差异，这些内容可以参考其他更具指导意义的书籍（Blaikie，2007；Kincaid，1996）。

　　定量研究植根于科学的研究传统，描述和推断是其核心组成部分，并且其中的推断主要是关于因果关系的。定量研究的具体方法有实验研究、社会调查、二次分析（利用官方统计数据或那些自然发生的数据）等。定量研究也具有多种形式，包括小范围的社区调查、有数千人参与的大样本调查、在实验室中进行精心设计的实验研究，以及基于数以百万计推特信息的大数据分析（例如：Sloan，2017）。越来越多的研究人员开始利用大规模的数据库进行二次分析，这些大规模的数据库主要由政府等机构进行资助，例如英国"理解社会"调查[①]（www. understandingsociety. ac. uk/）、英国劳动力调查（www. ons. gov. uk/surveys/informationforhouseholdsandindividuals/householdandindividualsurveys/labourforcesurveylfs）和美国收入动态追踪调查（https：//psidonline. isr. umich. edu/）。这些调查的样本量往往数以千计，能够满足非常复杂的数据分析技术的需要。

1.3 SAGE 定量研究系列工具书的用途[②]

这套 SAGE 定量研究系列工具书旨在为你的研究设计与研究执行提供一些帮助和建议，尤其是对结果的分析的帮助和建议，无论你的研究是相对简单的调查研究，还是基于已有数据的二次分析。这套工具书将带你踏上完整的定量研究旅程，它包括最初的研究构思，以及相对基础的统计技术、抽样方法、实验设计和调查设计等内容。本系列工具书中的每一卷均是由相应领域的专家撰写的，每一卷之间是相对独立的，包括那些基础性的但非常重要的方法和一些前沿的数据分析方法，它们都会帮你筑牢定量研究方法的基础。

本系列工具书中的每一卷也都是获得相应研究方法以及应用该方法的相关文献的重要渠道。多数关于具体分析技术的卷目都提供了一些线上的材料。尽管这些材料不一定详细说明了如何在基于菜单驱动的统计软件（如 IBM SPSS 统计软件，以下简称 SPSS）中执行特定分析任务（Pallant，2020），或指导你如何用 R 语言编写程序（Wickham & Grolemund，2017），但是，它们会告诉你在哪里可以找到操作上述统计软件的具体方法。

---

① 原文 Understanding Society 为英国的一项调查，全名为 Understanding Society：The UK Household Longitudinal Study（理解社会：英国家庭追踪调查）。——译者注

② "社会科学研究方法系列丛书"为由中国人民大学出版社出版的研究方法系列工具书，其中部分图书是选取自"SAGE 定量研究系列工具书"中的作品并译介为中文的，因此在本书中保留了对原丛书的说明与介绍。——译者注

1.4　关于本书

本书是本系列工具书的起点或基础，主要针对那些刚开始学习定量研究的人；或者你可能具有一定的基础，但是在开始后续卷目的学习之前需要复习相关知识。本书的前面几章将介绍一些基本的理论性和程序性概念。本书的大部分内容没有涵盖本系列工具书的其他卷目的内容，但是我们将会指出你可以在哪里更深入地阅读相关主题。然而，本书中的某些章节确实介绍了其他卷目的主题，可以被视为其他卷目的"入门"。因此，你在本书中遇到的一些主题，也会在本系列工具书后续其他卷目中得到更加深入的讨论。如果你是初次接触社会研究或定量社会研究，本书将会为你开始学习后续特定主题工具书中的内容提供基础。

在第 2 章，我们将从定量研究的起点——研究问题——开始，讨论研究问题从何而来，我们如何提出研究问题以及如何把它们转化为可以验证的命题，并且这些命题要可以用于你设计的调查、实验或使用现有数据进行分析，以便于对你的研究问题进行回答。

第 3 章主要关注文献回顾以及荟萃分析。文献回顾不是纯粹的批评，而是去概括和描述我们对特定领域的掌握程度。而荟萃分析即系统性回顾，是一种对已有研究进行系统性定量审查的方法。

在第 4 章，我们将考察研究资源问题及其对研究所产生的限制。第 4 章的大部分内容主要介绍了社会研究中四种基础的研究设计：（1）横截面研究设计；（2）个案研究设计；（3）实验研究设计；（4）纵向研究设计。在这一章中我们也会介绍对上述四种研究设计如何进行结合以及相关的方法。

研究问题与我们的研究总体密切相关。"研究总体"可以是不同的人群，也可以是不同的学校、国家等等。在第 5 章，我们将介绍如何界定总体以及如何进行抽样，以便于进行关于总体的统计推断。

研究问题、感兴趣的研究总体以及我们抽样的方式都会对我们使用的方法产生影响。例如，我们也许会选择开展调查研究，可能会通过在线调查、当面访问或电话调查的方式收集资料；或者，我们可能发现已经有针对该总体的二手数据，我们只需要对其进行进一步分析。在第 6 章和第 7 章中，我们将教会大家如何合理地选择研究方法，以及对这些方法的选择是如何与我们的数据分析策略相互影响的。

在第 8 章，我们将考虑一些会影响研究的社会情境因素以及我们如何成为有伦理的研究人员。任何研究都不存在于社会真空之中，我们所感兴趣的问题（或者我们得到资助被要求研究的问题）都植根于我们所处的社会和政治情境。鉴于此，我们如何才能成为客观的研究人员，并且能够平衡在调查过程中出现的敏感性、保密性和匿名性等问题？

本书的最后一章是阅读后续系列工具书的索引。在第 9 章中，我们将展示本书所涉及的概念如何在后续其他卷目中得到延续，以及你在后续其他卷目中可能会看到的内容。

1.5 本章小结

- 本章介绍了什么是社会研究以及为什么社会研究是有价值且重要的。
- 本章阐述了定量和定性方法的含义及其不同的哲学起源。
- 本章所关心的是以描述、解释和预测等科学传统为基础的定量研究。
- 本章指出了 SAGE 定量研究系列工具书和本书的主要内容。

1.6 拓展阅读

Blaikie，N.（2007）. *Approaches to social enquiry*（2nd ed. ）. Polity.

这本书对社会研究的方法，以及支撑这些社会研究方法的那些存在张力的认识论进行了精彩的回顾。

Vogt，W. P.（2005）. *Dictionary of statistics and methodology：A non-technical guide for the social sciences*（3rd ed.）. Sage.

这本词典是明确基本术语、概念和统计术语的首选用书。

Williams，M.（2016）. *Key concepts in the philosophy of social research*. Sage.

这本书介绍了支撑社会研究的关键哲学问题（如客观性、概率和统计推理）。另外两本关于研究术语、问题和概念等基础性知识，且非常容易理解的首选书籍如下：

Payne，G.，& Payne，J.（2004）. *Key concepts in social research*. Sage.

Salkind，N.（2012）. *100 questions（and answers）about research methods*. Sage.

第 **2** 章

研究的开始：从研究问题到变量

2.1 研究问题

　　科学哲学家卡尔·波普尔（Karl Popper）常说，我们的研究应该来源于某一问题，而不是来源于某一学科。所有有价值的科学研究都是从一个亟待解决的问题开始的。通常而言，在社会研究当中，那些亟待解决的问题多属于"社会问题"（social problem），例如，为什么某些国家的年轻女性不选择从事工程类职业，而其他国家的女性却并非如此（Godfroy Ge-nin & Pinault，2011）？青少年的吸毒行为是否会导致后来的情感问题（Newcomb & Bentler，1988）？在某个城市中有多少流浪人员（Williams & Cheal，2001）？有时，研究问题也可以源于在方法层面的追问，例如，新媒介方法能否比传统的调查方法更好地预测犯罪水平（Williams et al.，2016）？或是对一些现有的理论进行"检验"，例如，检验移民人口比其原籍社会的非移民人口拥有更多的资源这一理论观点（Musgrove，1963）。社会研究还有一个特别之处，即某一时间或空间所存在的问题可能在另一时间或空间并不存在，因此为了检验某一问题是否具有时空特殊性，社会研究往往具有比较的视角（详见：Zmerli & Hooghe，2011）。

　　然而，并非所有问题都能在社会研究中得到成功解决，可能因为（如同所有的科学研究一样）我们在方法上根本不具备相应的研究能力，也可能因为这些问题不能通过现有的数据资料等研究资源进行解决。那么什么才是能研究的"问题"？研究问题通常是在社会生活中足够重要的议题，这些议题已经成为研究焦点并吸引了较多的项目资金（Bulmer，2015）。这些问题可能不是完全新颖的，已经存在很多研究并且形成了研究的发展脉络，已有的文献也提供了大量的真知灼见（将在下文详细说明）。

　　如何确定研究问题？如果你已经加入某一学术团队或者你是一位博士生（博士候选人），并且正在从事一项明确的研究，那么你并不需要自己来探索和确定研究问题。但如果你刚刚开始从事社会研究，你就需要提出你自己的想法，并且需要思考以下几个问题。

在通常情况下，研究问题源于你所感兴趣的内容。那么，你需要思考：它是否引起了其他人的兴趣？在这个问题的直接或相关领域是否还存在其他的研究？在你感兴趣的总体、样本或研究方法方面，这些已有研究与你想开展的研究有什么不同？你能不能复制或至少部分复制以前的研究？有时，你的研究问题也可能太过于"宽泛"，最好选择一个具体的、"可研究"的部分。例如，本书的几位作者当中每年都会有人指导两到三名本科生或硕士生围绕流浪人员问题完成学位论文。但流浪人员问题并不能直接被研究，研究者需要明确其中一个非常具体的部分作为研究问题。比如某个城市流浪人员的形成"路径"是什么（以及和其他城市的差异是什么）？某个特定地区流浪人员的流浪形式是什么？公众对流浪人员的态度如何？等等。

9

2.2 研究题目

研究问题（research problem）需要转化为研究题目（research question），该题目要能够"操作化"为研究假设并进行测量。研究题目是对我们想知道的内容所进行的精练的陈述，应该非常的简洁明了，一般不超过一句或两句话。它应该是一个非常具体的题目，并能够直接反映研究问题，例如为什么在高级学术职位上女性的人数比男性少。研究题目可以是小规模的局部研究，也可以是大范围的对不同国家或不同时期的比较研究。有一些研究问题可能会包含不止一个研究题目，尤其是在一些规模较大的研究当中，这样便于更全面地探知所关注或感兴趣的领域。例如前文曾提及的某些国家年轻女性不从事工程类职业的问题，可以引出许多具体的研究题目，比如：在没有女性从事工程类职业的国家中，是否存在"性别化"的工程教育？学校是否对此采取了积极的行动计划？学校的学科是否被"性别化"了？

一些研究题目是无法被回答的，或是按照现有的提问方法无法得到回答。例如：

年轻人是否对未来不太乐观？ 这个题目过于模糊。原则上这个问题是可以被回答的，但是需要对"乐观"和"未来"进行明确的定义。此外，为了进行更多阐释，还需要对不同世代的年轻人进行比较（或与其他年龄组的人进行比较）。

人们是否应该成为素食主义者？ 这个题目具有明显的价值判断，暗示着支持或反对素食主义。但是研究者可以研究素食主义者和非素食主义者在对待素食的态度和生活方式上的差异。

浏览暴力图像是否会导致暴力行为？ 这个题目存在很多问题，首先，如何定义暴力图像和暴力行为？其次，在众多影响暴力的因素中估计浏览暴力图像的净效应是很难做到的。虽然在规模较大的研究中拥有足够的数据可以有效控制其他混杂因素，但是绝大多数"新手"研究者并没有相应的资源和能力。

人为什么会自杀？ 原则上这个题目无法被回答，因为自杀的人已经死亡。即便研究者可以通过自杀者的遗书找到一些原因，但真正导致个体自杀的原因可能是一些不会被表达出来的潜在原因。此外，用自杀未遂的人来替代自杀的人进行研究也不能回答这一问题，因为自杀未遂的人往往并不真正想自杀。

从上述几个例子可以看出，有些研究是无法实现的。但是如果研究者　*10* 能提出明确的、可以被回答的研究题目，那么这些他们感兴趣的领域也是值得研究的。

研究者最初所提出的研究题目的框架可能是比较笼统的，但接卜来需要将其转化为研究假设和能够进行调查或实验的可测量的指标。简言之，就是要将研究题目转化为研究者能够以经验方式进行测量和回答的问题。此外，研究的总体也必须明确。例如，如果要研究学生对研究方法课程教学的看法，我们需要知道：我们要研究的是哪个学科的学生？是否正在学习过程中？是本科生还是研究生？是来自一个国家的一所大学，还是来自一个国家或多个国家的多所大学？一个简单的原则就是，明确的研究题目能够得到明确的研究发现。反之亦然！

2.3 理论在研究中的角色

在通常情况下，研究问题都来源于一个理论，你的研究问题可能是对这个理论进行修正或在新的背景下检验这个理论。所有的研究都蕴含着理论假设，好的研究则首先就要明确这些假设。那么，什么是理论？

"理论"是关于现象之间关系的一个命题或一组命题，它旨在表明某些事情是什么样的或不是什么样的。如果一个理论是正确的，它就意味着世界必须是怎样的，或者以何种方式运行。理论也应该具有可验证的结果，换言之，理论应该能够预测某件事情是否发生，并且应该能够在测量层面给出结果，让我们能够判断情况是否如此及其程度。最后，我们需要明确的一点是，理论的范围可能会有所不同，有些理论可能针对局部的或本土的，而有一些理论则具有更广泛的应用范围。关于前者的一个例子是，某地采取的特定的公共交通措施可能减少交通拥堵，其中，当地的或局部的因素发挥了重要作用，但是在得出这种局部化或本土化理论时，我们也应当借鉴参考其他地方的情况。这似乎也能够说明，一个局部的或本土的理论也不完全是针对局部的。关于有更广泛的应用范围的理论的例子是，通过探索那些来自陷入困境的中东国家的移民的社会构成，来评估他们的经济和社会融入的可能性。你可能会假设大多数移民来自受过教育的阶层或商人阶层，如果你这样做了，你就会去验证弗兰克·穆斯格罗夫（Musgrove，1963）在20世纪60年代提出的精英移民理论，该理论认为，在发达或相对发达的社会，只有那些相对拥有较多资源人才可能成为移民。现在，可能你能够确认情况确实如此，也可能你发现移民并不来自那些阶层，该理论至少在某种情况下将被证伪，但你需要说明为什么会出现这种情况，并在考虑一些具体条件的前提下对该理论进行修正。

理论有很多种形式。你会看到很多题为"社会理论"的公开论著，这些社会理论中的大部分（尽管不是全部）延续了"宏大社会理论"的传统，它们以一些哲学假设为基础，以实现更广泛的解释，例如吉登斯（Giddens，1993）的"结构化理论"、鲍曼（Bauman，1999）的"流动的现代性"等。尽管从直观的感受上这些理论是合理的，但是很难从中提炼出能够在经验层面进行检验的，用来表明理论是否正确或正确程度如何的命题。一些具有广泛社会或历史影响的宏大理论也是可以检验的，但这些理论通常以明确的术语表达，从而定义了它们的范围和条件。事实上，上面提到的精英移民理论就是这样的一个例子。

与宏大社会理论相对应的是经验性理论，它来源于我们对这个世界的直接经验感受。这类理论往往是对我们的所见所闻的直觉。例如，我们可能认为某些英国右翼报纸的读者在日常生活中更加自私，这一观点可能源自研究人员在火车上对这些读者的行为观察。当然，这一观点可能是真的，也可能不是真的，但无论真伪，没有任何已有的理论可以用来验证我们的直觉。为了将其转化为科学研究，我们首先要找到已有的此类理论和相近的实证研究。完成这些工作后，我们需要通过实证的推导来对其进行检验。大量的研究都是从这样的直觉、政策制定者的想法或热点开始的。英国前首相戴维·卡梅伦（David Cameron）在 2010 年和 2011 年至少做过两次相关的事，基于他模糊的"大社会"概念和衡量幸福的愿望[①]！

大多数社会研究所发展或检验的理论是"中层理论"。这一概念由美国社会学家罗伯特·默顿（Merton，1968）最先提出，此后被英国社会学家雷·波森（Pawson，2000）发展为"中层现实主义"。

中层理论巩固了命题陈述和观察到的规律性，并展示了如何对它们进行实证检验。与自然科学一样，理论的范围是有限的，也就是说，我们需要知道，什么算作证实该理论，什么算作证伪。例如，一项关于老年照料

———————————

① 许多心理学家认为幸福是可以测量的，详见：https://worlddatabaseofhappiness.eur.nl/hap_quer/introtext_measures3.pdf。

的研究（Elo et al.，2013）主要从被照料者自身（在本例中为斯堪的纳维
12　亚半岛的老年人）的角度关注其幸福感（well-being）。尽管幸福的概念很
常见，但这项研究没有沿用以前的定义，而是根据研究对象自身对幸福感
的建构进行概念的界定。该研究首先假设环境是影响幸福感的重要因素，
做出这一推论是基于研究者认为环境因素有助于满足老年人自身的需要，
从而提高其幸福感。该项研究主要分为四个阶段：（1）对概念进行归纳整
合，并描述概念的发展历史；（2）通过检查概念之间的关系建立假设模
型；（3）建立实证研究的假设来验证上述模型；（4）进行理论的验证和呈
现（Elo et al.，2013）。需要注意的是，上述研究过程也可以概括为两个
部分：第一，对于研究的核心概念幸福感不是沿用以往的定义，而是假设
幸福感源于人们本身的建构，并据此发展出有关幸福感的理论。第二，对
这一新创建的理论进行实证检验，并且该理论本身也能够在其他情况下得
到检验。

2.1　变量

　　一旦我们有了明确的研究问题，并且通过文献回顾了解了已有研究所
开展的理论和经验分析，进而将我们的问题置于适当的理论框架之中后，
我们就需要把研究问题转化为研究假设和可测量的变量。这一过程有时被
称为"走下抽象的阶梯"（descending the ladder of abstraction）。

　　定量研究通常是"以变量为基础"的。一个变量可以有不同的值。变
量通常是你所关注的主题的一个特征或一个方面，也可以是你的研究中的
分析单位（如个人、街区等）的一个特征。一个变量往往会根据其与一个
或多个其他变量之间的关系而表现出差异，例如，各地区的失业率水平。

　　变量通常被划分为自变量和因变量，自变量有时也被称为预测变量
（假定的原因），因变量有时也被称为结果变量（假定的结果）。例如，一

个地区的劳工骚乱（因变量/结果变量）可能与该地区的就业率下降（自变量/预测变量）有关；或者某个地区特定政党的得票率（因变量/结果变量）可能与该地区的选民的不满程度有关（自变量/预测变量）。

但是自变量和因变量之间的关系很少是直接的关系，通常会有其他类型的变量介入其中。调节变量就是影响自变量和因变量之间关系的变量类型之一。例如，我们可能会对劳工骚乱（因变量）和就业率下降（自变量）之间的关系感兴趣，但是二者的关系可能会受到受访者所居住区域的影响或调节，从这个意义上来说，区域可以被视为调节变量。 13

最容易与调节变量混淆的是中介变量。中介变量通常是"传递另一个变量的影响"。例如，父母的社会地位可以通过直接的方式"传递"给孩子，但他们也可以通过选择孩子接受的教育类型来间接实现地位的传递（Goldthorpe，2016）。

此外，还有一类变量是混杂变量，即两个自变量所产生的影响效应无法被分离。例如，老师 X 在课堂上使用 A 教材，老师 Y 在课堂上使用 B 教材，并对学生的学习效果进行测试。自变量（教材的种类和老师的教学效果）是"混杂"在一起的，无法判断学生测试成绩（因变量）的差异是两个自变量中的哪一个产生的作用。

回到劳工骚乱的例子，可能存在一个理论能明确指出因变量、调节变量和自变量之间的关系，这样这个理论就是可以得到验证的；具体而言，失业可能会导致劳工骚乱，因为失业降低了工资，在这个理论中，每个要素都由一个变量来得到体现。

但实际可能并没有那么简单。例如，即使有一些行业出现了工资下降的现象，也未必总是会出现劳工骚乱。因此，需要在"模型"中添加和尝试更多的变量（本系列工具书的第 8 卷、第 9 卷和第 10 卷中将会包含更多的关于模型的内容）。产生劳工骚乱的原因可能是在某些行业中，并没有工会对劳动者进行"组织"，或者企业可能很小或雇用了较多的临时工。我们接下来的内容将变量置于个案之中，个案通常是我们调查的主要对象。

2.5 个案

从表面上看，个案是非常直观的，它通常是我们可以从其身上获取信息的个人。这些信息可能来自官方统计数据或其他二手来源，包括年龄、性别、职业、地址、严重疾病（例如癌症）记录等；也可能是那些通过调查收集的此类信息以及其他属性、行为、态度和信仰等。所有这些信息都应该与个案相关，并且可操作化为变量。但为了在个案之间进行比较分析，我们需要为每个个案提供相同的操作化方法。一个最简单的例子是，为了研究在某个我们感兴趣的问题上的性别差异，我们必须了解每个个案的性别信息。如果我们没有这些信息，则称之为"缺失数据"。虽然在一些数据缺失的情况下我们也可以进行分析，但这需要特定的方法来对"缺失"的机制做出假设。我们将在第 7 章进一步讨论这一问题。

虽然个案通常是个人，但并非必须全部如此，个案也可能是一个国家、一个公司、一所学校或一个历史事件。如今，一些研究人员可能会从多个层面收集个案信息，并将每个层面的分析结合起来，例如学生、学生所在的学校和地区等。这就是所谓的多层次分析，本系列工具书的第 9 卷将对此进行详细解释。

无论选择个人、学校还是国家等作为个案，在分析本身中，这些都被称为"分析单位"。

2.6 研究假设与测量

上文曾多次提及假设这一术语。从逻辑形式上而言，假设和理论是基本相同的，它们都是命题性陈述。但是，在社会研究或科学研究中，假设通常有如下两种形式：第一，假设是在理论和变量之间建立的具有特定关系的陈述，并且这种关系是可以被实证检验的；第二，假设是统计性命题的陈述，统计假设最初是以证伪的形式提出的，也被称为"原假设"（与其相反的假设通常被称为"备择假设"），如果发现某一关系具有统计显著性（即该发现不是偶然的），那么研究人员就会拒绝原假设并接受备择假设，统计假设可能源自研究假设。本系列工具书的第 3 卷详细描述了统计假设和假设检验。

理论可以帮助我们构建非正式的研究问题用于指导我们的研究，但是我们在研究中需要将这些非正式的研究问题进一步提炼为研究假设，来提出会发生什么或不会发生什么。可以通过对这些研究假设进行实证检验来证实、部分证实或证伪某一理论（Stinchcombe，1968）。

在利用研究假设验证理论时，我们需要确保研究假设中的变量是可以测量的。如果你可以确定变量间的因果关系，那么研究假设必须指出可以解释因果效应的自变量，并且，不仅要指出自变量，而且正如我们上面所指出的，可能存在调节变量或中介变量。但最重要的是，研究假设需要清楚地说明这些变量之间预期的关系。下面是一些提出研究假设要注意的问题：

- 你用来阐述假设的文字表达是否清晰？
- 你是否在研究假设中详细地表述了理论中的关键要素？
- 该研究假设是否同时包括自变量和因变量？并且它们是否已被明确定义？
- 是否需要考虑调节变量或中介变量？会有变量存在混杂效应吗？　　*15*
- 该研究假设是否解释了你在研究过程中期望发生的情况？
- 能否通过已有的方法（例如调查、二次分析或实验）成功地检验研究假设？

接下来是一个关于逆城市化研究的简要例子。逆城市化理论是一种中层理论，旨在解释为什么人们从城镇地区（通常是城市）迁移到农村或城郊地区（Champion，1994，2001）。本书作者中的一位对英国康沃尔郡的逆城市化移民现象进行了研究。先前的理论认为，这些移民搬离城市是因为在农村或郊区，他们的经济状况会变得更好，并且他们的迁入也会使相应的社区在经济上受益。然而康沃尔郡的情况并非如此，因此这项研究旨在找出原因，以下是两个研究假设。还有很多其他的研究假设没有在此列出，假设下方的文字是对研究假设的简要说明（Buck et al.，1993；Williams & Champion，1998）：

假设1：移民搬迁到康沃尔郡主要是被它的环境吸引，而不是为了经济优势。

对自变量的测量主要包括：对环境的态度、当前的经济资源、就业态度和意图。此外，研究还提出了年龄、受教育程度和社会阶层等存在调节效应。

假设2：移民要积累足够的经济资产，才能搬到康沃尔郡。

对自变量的测量主要包括：移民前的住房状况和就业情况。调节变量包括原籍地区、家庭构成和家庭规模。

明确了研究对象、分析单位、研究假设和变量并不是研究的终点，还需要更进一步地将研究中的变量转化为在调查或实验中可以测量的值。在本系列工具书的第2卷、第3卷、第4卷、第6卷和第8卷中会有更多相关内容。需要注意的是，对变量的操作化和测量需要体现在你的调查当中（你可以使用前人使用过的方法）。但是越来越多的研究人员正在转向使用二手数据，在这种情况下，你需要尝试在这些已有的数据中找到相应的变量来测量你想要的变量。有时，这个"代理变量"能够表达你需要的内容。例如，英国人口普查没有测量住房质量，但调查了住宅中是否有中央供暖系统，没有中央供暖系统是住房质量较差的一个相对较好的指标。再如，这些统计数据可能不会测量收入，因此要了解个人的社会经济地位，必须使用多个变量，例如社会阶层、职业、区域和受教育程度等。

2.1 描述、解释和因果关系

描述和解释是科学的基石，所有解释都始于某种描述。全国人口普查数据、官方统计数据和其他大规模调查数据的出发点都是为了进行描述性研究，这些数据反映了大量的问题。但这并不意味着调查中所提出的问题漫无目的，我们将在最后一章中进行更详细的解释；所有的研究，无论看起来多么中立，都是有目的的并且受到社会情境影响。此外，其他人可以对这些调查数据提供解释，例如，英国社会追踪数据可用于描述随时间变化的情况，具体而言可以描述住房、移民、社会经济地位变化或家庭变化等，但数据本身并不能提供解释，还需要更多信息——能够解释某种变化的理论，但这些理论也需要能够为数据所检验。一些研究的例子可以浏览：www. indigo-sandbox. ucl. ac. uk/celsius/research/columns/research-projects。

研究人员在开始尝试解释某些现象之前，必须先确保数据能够充分描述相关现象。这里的描述主要包含两个维度：第一，数据中的变量必须能够测量研究关注的现象（本系列工具书的第 4 卷和第 5 卷将会详细阐述）；第二，如果使用抽样调查数据，那么样本必须能充分代表总体（这一问题也将在本系列工具书的第 2 卷得到详细阐述）。

因此，描述先于解释。一项研究也可能只是描述性研究。解释性研究是对为什么或如何做等问题的回答。例如，为什么 X 国的社会流动性比 Y 国低？女性如何应对男性的工作环境？在通常情况下，解释性研究主要针对因果关系问题，虽然可以通过定量数据对因果关系问题进行回答，但是因果关系很少是直接和简单的。我们将在本书第 4 章中详细讨论这一问题，及与其相关的研究设计选择问题。定量研究中特定的因果分析方法是本系列工具书的第 10 卷的核心主题。

最后，关于描述性和解释性研究还有一点值得关注。解释也是预测，起码二者在逻辑上是同构的（Schlipp，1991，p. 556），即二者在逻辑上彼此呼应。例如，关于高失业率将引发劳工骚乱的预测也暗含了一种解释。一个更有说服力的例子是，在 C^1 的背景之下，劳工骚乱确实是由高失业率引起的，能通过削减工资而得到缓和，这也为 C^2 背景提供了一个可供检验的假设。

原因

解释性研究通常是为了探寻因果关系中的原因。在定量研究中，我们通过实验或调查的方法来回答因果关系问题。然而，在社会中的实验与在物理或化学实验室中的实验不同。首先，相比于物理或化学世界中的现象，社会世界的现象更加复杂。其次，实验室往往有较多的人为控制，以至于相关结果无法超出实验室的环境，而社会研究者需要进行实地实验，即在自然的社会环境中进行实验，但二者基本逻辑是一致的。在社会研究的实验中，研究人员可以将总体分为两个样本：第一个是实验组，并施加某种干预，例如对该组进行教育或健康干预；第二个是对照组，不施加干预。如果控制并解释了其他因素产生的影响，那么实验组所发生的变化就可以被认为是由干预引起的。但实际上也并不是这么简单，本系列工具书的第 6 卷将对实验研究的原理与方法进行介绍。事实上，在许多情况下，社会研究无法进行实验，必须通过调查数据分析来明确因果关系。

需要指出的是，因果关系是本系列工具书中一个烦琐的概念。正如哲学家南希·卡特赖特（Cartwright，2004）所说："尽管因果关系只是一个词，但包含了很多内容。"对于什么是原因，社会研究人员和哲学家之间就存在分歧。对于因果关系一种常见的表述是：

> 为了归纳 X 导致 Y 的原因，有三个条件是必要的（但不是充分的）：（1）X 必须先于 Y；（2）X 和 Y 必须共变（即存在相关）；（3）对于 X 和 Y 的变异没有其他竞争性解释。

因果关系可能是单一的因果关系，也可能是多重因果关系。在单一的因果关系之中，每当第一个事件（即原因——用自变量表示）发生时，第二个事件作为结果总是随之而来（用因变量表示）。然而，社会上几乎不存在单一的因果关系，多重因果关系则是普遍存在的。多重因果关系指的是多种原因都可能导致相同的结果。例如，流浪可能是由许多不同的先决条件导致的，而流浪本身也会导致其他事情，如健康状况不佳。此外，同一时间或地点的相同条件也可能会导致不同的结果。

在定量研究方法中，关于因果关系研究存在很大的分歧。一种观点认为，对因果关系的识别只能从模型中推断出因果相关的程度；另外一种观点认为，对于因果关系需要从模型"解释"角度判断哪些原因是可以被模型"解释"的。上述两种方法均在本系列工具书的其他卷目中得到了详细论述。本系列工具书的第 6 卷主要指出了继坎贝尔和斯坦利（Campbell & Stanley，1963）之后，因果关系研究主要承继了实验的逻辑：实验中的干预是否产生了影响（内部效度）？因果效应在多大程度上可以推广到其他人群、背景或环境（外部效度）？第 10 卷则采用了一种完全不同的研究路径，简单的因果模型被复杂的方法取代，这些复杂的方法将结果视为嵌套于大量的先决条件之中，而简单的因果模型无法充分描述 *18* 复杂且新兴的社会过程和机制。

在本书的作者中，保罗采取了更接近第一种方法的立场，而理查德和马尔科姆采取了某种中间立场，认为因果关系虽然很复杂，但也适合统计分析。

让我们先不要想得那么复杂，因果关系的解释是基于我们上面提到的变量分析。当从调查数据中得出因果解释时，我们必须超越两个变量的相关关系——尽管它们通常从两个变量的相关关系开始。事实上，人们常说统计相关关系并不是因果关系［尽管马修·麦克比（Matthew McBee）在第 10 卷中指出，因果关系总是意味着相关关系］。

我们所说的两个变量在统计上是相关的是指，它们一起出现绝非偶然。例如，一个拥有大量流浪人员的社会可能失业率很高，但也可能不是。这引出了很多有趣的问题，例如：为什么流浪和失业在一个地方（A地）存在关联，而在另一个地方（B地）却没有关联（Bramley & Fitzpatrick，2018)？

在 A 地，因果关系的方向是什么？失业会导致流浪，还是流浪会导致失业？或者（在更接近真相的事实上）随着时间的推移，原因和结果之间会相互影响？

而在 B 地，尽管失业率很高，但流浪人员相对较少。最后，有一个叫作 C 的地方，那里失业率低，但流浪人员的比例很高。

现在，让我们假设 A、B 和 C 三地中对流浪人员和失业率的测量是相同的，那么对于因果关系的解释（在每个地方都会有所不同）将需要在模型中添加新变量。

请注意，我们在这里使用模型一词来表示统计模型，模型通常具有三个或更多变量。在线性模型中，对因果关系的解释来自"拟合"最优的统计模型。在现阶段，这可能听起来很神秘，但在第 9 卷和第 10 卷中，我们将在因果关系解释以及相关模型方面展示更多的内容！

当我们在定量数据中寻找原因时，需要注意的是，因果关系中的原因必须可以测量。如果不能被测量，它就无法成为模型中的"原因"。但是在通常情况下，一些重要的原因没有被测量！这在文献中被称为"遗漏变量偏差"（Riegg，2008）。还有一些模型（结构方程模型）旨在通过识别"未观测到的"或者说"潜在的"变量来考察无法直接测量的变量，这些都将在第 9 卷中介绍。我们将在本书第 4 章中再次回到对因果关系的分析。

19 *2.8* 结论

在本章中，我们简要阐述了研究者在研究过程开始时必须考虑的一些方法论问题。所有研究都有一个共同点：必须从一个研究问题开始，并且不可避免地要验证某种理论，无论它是本土的、非正式的、经验的，还是更正式的和已有的理论。你必须"走下抽象的阶梯"，将最初的粗略的一个或多个问题具象化到具体的测量，或者采用二手数据中的现有测量。

最后，所有经验丰富的研究者都知道，任何研究都会受到研究资源的制约。这些研究资源可能包括：为了获取样本而调查特定人群的渠道（这将在本系列工具书第 4 卷中首先讨论，在第 5 卷中也会讨论），用来收集和分析数据的足够的时间和人力。

2.9　本章小结

- 本章介绍了定量研究中的一些基本概念。所有研究都是为了解决问题，但这些问题必须转化为可以回答的研究问题。研究问题是在理论背景下提出的——什么是理论？理论有哪些类型？
- 本章接着描述变量的含义以及它们与个案的关系。提出研究的具体问题后，需要通过操作化手段将已确定的变量融入研究假设。
- 最后，本章讨论了描述和解释在研究中的作用，以及定量研究如何识别因果问题及其局限性。

2.10　拓展阅读

本章讲述的是从理论到规划整个研究的过程，相关主题有很多有价值的书籍。在这里，我们提供三本书籍，可作为本阶段研究的指南。

Frankfort-Nachmias，C.，& Nachmias，D.（1996）.*Research methods in the social sciences*. Arnold.

这本书非常经典，它是对研究方法的一般性的介绍，正因为如此，它描述了从理论到在更广泛的背景下开展研究的过程。

Litwin，M.（1995）.*How to measure survey reliability and validity*. Sage.　*20*

这是一本简短的书，然而，它从非技术层面提供了对信度和不同类型的效度的理解，以及实现它们的方法。

Byrne，D.（2002）. *Interpreting quantitative data*. Sage.

本书采用现实主义的定量研究方法，强调因果关系十分复杂的重要性，并采用了复杂的测量方法。

第3章

文献回顾与荟萃分析

本章概要

- 概述
- 文献回顾的开展
- 荟萃分析和测量
- 结论
- 本章小结
- 拓展阅读

3.1 概述

一旦明确了研究问题或研究题目，下一步就是开始查找与主题相关的已有研究。但是在这里存在一个悖论，因为在寻找已有研究的不足、聚焦或完善研究问题的过程中就需要对相关主题的文献进行系统回顾。通过一个好的文献回顾可以得到好的研究问题，反之，一个好的研究问题也能够促使文献回顾更加聚焦。这看上去是一个悖论，然而对文献的回顾和对研究问题的完善是互补的、不停重复的活动。通常，文献回顾直到研究接近尾声时才最终确定。

本书中接下来讨论的其他内容——研究设计、抽样方案、数据收集方法、研究的伦理准则和制订分析计划，都可以通过对文献的不断回顾得到补充和完善。

在定量社会研究领域中，那些高效的研究者总是将他们的研究建立在那些相同或相似主题的成果之上。并且，最近几年的研究是在文献回顾中被重点关注的对象。现在研究者也在文献回顾的透明化、系统化和严格化方面付出了比之前更多的努力（Gough et al.，2012），即将文献回顾视为数据，并且要像对待其他数据一样严肃。

这种文献回顾的发展趋势在很大程度上受到了 20 世纪 70 年代生物医学研究领域的柯克兰（Cochrane）系统综述方法和心理学、教育学领域的荟萃分析（meta-analysis）方法的影响（参见 https：//uk. cochrane. org 和 Higgins & Thomas，2019）。荟萃分析主要通过结合大量系统评价的信息（证据）来开展。随着相关研究领域不断扩大，研究发现不断增加，仅依靠语言文字方式难以进行有效总结，在此背景下，上述两种方法产生和发展。

3.2　文献回顾的开展

文献回顾的类型取决于研究的类型。例如，一名地方政府机构的研究人员的研究任务是了解当地居民对公共交通供给的看法，他可能会寻找一项其他地方的研究，也可能会通过征求公众意见的方式进行研究。这种研究的类型并不要求研究人员去关注交通或基础设施建设的相关文献。然而，一名学术研究人员如果想要检验交通供给（如一条新的高铁线路）和社会之间的关系，则需要更加广泛地考察有关环境影响、地方资本的政治经济与空间社区的社会关系等方面的文献。

一般而言，研究在学术或理论方面的追求越高，则越需要进行更深入和广泛的文献回顾。学者们通常需要在电子数字库中进行广泛彻底的检索，如谷歌学术（Google Scholar）或科学引文数据库（Web of Science）。然而，不可否认的是，我们没有穷尽搜索的可能性。此外，检索特定领域的相关文献通常需要一些经验和技巧。

诚然，学术界面临着文献回顾需要越来越系统化的压力，而解决和处理日益繁多的出版物的问题又加剧了这种压力。大量开源出版物迅速地传播，使这一问题变得更加复杂，开源出版物的数量已经激增并且鱼龙混杂。开源出版物可以提供给读者免费阅读，是因为作者替读者支付了费用。需要注意的是，部分开源出版物似乎是向作者收取出版费的欺诈计划（参见 Bohannon，2013）。有作者向数百家期刊投递了一篇存在明显方法论缺陷的伪造文章，在支付费用后，大多数期刊接受了该文章。不仅仅是期刊欺诈，一些声誉较好的出版社（如 Springer 和 Sage）会有同行评审的环节，有些作者也找到了破坏同行评审的方法。但从事社会研究的学者是幸运的，因为在自然科学和生物医学领域，此类破坏行为更加严重，尽管在社会科学领域也存在这一问题，但是不必过度担心。

文献回顾必须具备广度和深度，因此要比以前的文章中的文献回顾范围更大。这对你来说是需要应对的一个挑战。首先，你需要一系列的工具，而不是仅仅通过检索一到两个术语来完成相关工作。虽然最初的文献检索可能是非正式的，但是也不能停留于表面。当你在检索"贫困与犯罪"时会出现一些相关的网页，但是你需要有进一步的思考，比如不同的贫困类型与特定的犯罪行为的关系是什么。一旦找到了一些关键的文献，就可以按图索骥，通过查看该文的参考文献列表来获取更多的材料。最终，一些文献会反复地出现，你应该能感觉到这些文献都是重要的文献。虽然这些文章的引用率很高，但你需要客观地认识它们。例如，迈克·萨维奇和罗杰·伯罗斯（Savage & Burrows，2007）发表了一篇题为"实证社会学即将到来的危机"的论文。用他们自己的话说，这篇论文属于一场论战，但并不是这场论战中最重要的论文。然而它具有开创性，到 2018 年年中，它被引用多达 800 余次，所以如果你正在研究这个话题，那么这篇论文就不可忽略。

24　　　除了简单地在谷歌学术上进行文献检索外，你还需要有一系列完备的工具，并掌握那些能够帮助你进行文献回顾的方法和技能。首先，你需要准确地说明你想要在何处以及如何检索文献，以期能将这些研究纳入你的论文或研究报告的研究背景或文献回顾之中。你应该从你的研究题目/问题和你在研究中明确的变量入手。这可能比你最初想象的要更加棘手一些，因为相同或相近的变量在不同学科的研究中存在命名差异。因此，诸如犯罪和贫困等术语是相当模糊的。如果你正在开展的研究涉及从失业到工资下降再到劳工骚乱等一系列变量，那么你可能会发现有多种不同的方法可用于测量它们。因此，你需要对相关内容比较熟悉，以便能够找到相关的研究。当然，你也可以从上文建议的非正式的检索开始。

　　尽管文献回顾没有明确的程序，但是有一些常用的可参考的指南，特别是在搜寻那些潜在的研究方面。虽然下面提供的这些指南可以供你参考，但是不要拘泥于这些建议，因为在研究的后续阶段不断地解释和整合相关领域已有的研究，也涉及作者自身如何进行解释和理解的问题。

　　电子数据库在文献检索过程中是不可或缺的，并且现在的电子数据库可以在你检索的过程中提供检索联想词。社会研究人员可以使用的文献数据库有十余个，但是很少看到一篇文献回顾中需要使用所有的数据库，更少看到一篇文献回顾中只使用了其中一个数据库。你需要使用多个数据库，因为你要根据你的研究主题进行选择，并且每个数据库都有优点和缺点，每个数据库中所包含的文献也具有一定的共性。通常，研究人员往往使用三到五个数据库，一般都是先从谷歌学术开始，因为它是最便捷和最容易使用的，更复杂的数据库包括社会科学引文索引（Social Science Citation Index，SSCI）、社会学文献（Sociofile）、心理学文摘（psycINFO）、社会学文摘（Sociological Abstracts）和科学引文数据库。本书没有具体说明针对不同的研究使用哪个数据库，或者如何使用每个数据库，因为每个数据库的官网都提供了明确的使用指南，但接下来有一些提示。

　　首先，你可以查找与你的研究主题相关的已有的综述性文章。其次，关注最新的研究，因为在这些最新的研究中通常会展示出先前的研究成果。这种审视先前研究的方法通常被称为谱系法（ancestry method）。你需要通过最近的研究来了解该领域的谱系（论文中的引文或参考文献可以提供帮助）。最后，你可以使用社会科学引文索引或谷歌学术来检索其他人对这些谱系的利用和派生，这有时被称为派生法（descendant method）。

　　随着你对已有的文献进行了越来越多的回顾，你对该主题及其相关文献的研究方式越来越熟悉，你有效检索文献的能力也会提高。你需要针对你的检索过程写一个简短的概括。绝大多数文献回顾都会以这样的概括开始，例如下面这个假设的示例，这个例子比一般的研究要简短。 *25*

　　本书的作者之一保罗，最初使用上述数据库检索了"失业""工资"和"劳工骚乱"等关键词。他仅使用 1960 年以来发表的英文文献，用于研究当时属于 OECD（经济合作与发展组织）的国家。他找到了 200 项符合最初选择标准的研究。其中，由于各种技术问题，诸如缺乏关键变量的足够信息等，仅保留了 89 项。排除以及纳入相关研究的标准也是需要重点交代的。例如，某些研究可能使用了相同的数据；或者可能在同一研究中包含了不同的数据，比如一项研究侧重于关注两次罢工，另一项侧重于抵制和罢工。

检索的技术

以下是关于文献检索策略的一些更具技术性的要点：

● 在使用电子数据库时，"布尔"（Boolean）语句（以逻辑学家乔治·布尔命名）即"运算符"是必要的。"布尔"语句中三个关键逻辑词分别是：a. 且（AND）；b. 或（OR）；c. 否（NOT）。这些逻辑词可以帮你指定链接和定义变量的方式。例如，如果你针对上文的研究示例想研究完整的关系（失业 → 工资 → 劳工骚乱），那么你可能需要通过"且"将三个关键词联合起来。使用"或"可以显著增加搜索中的"页面数"。比如，如果你想关注某些类型的劳工骚乱，例如罢工和抵制，你可以搜索罢工"或"抵制。相反，如果你只对罢工感兴趣，但对抵制不感兴趣，则可以使用"否"将两者分开。

● 你也可以使用所谓的通配符号来扩大搜索范围。通配符号（具体符号因数据库而异）允许你检索词汇的其他形式[①]。一种常见的符号是星号（＊）。例如，检索 tolera＊ 会得到 tolerance、tolerate 和 toleration 的相关结果。

● 利用反义词进行检索也很有帮助。在一项关于宽容（tolerance）的研究（本书作者保罗开展的研究）中，最重要的反义词是歧视（discrimination）；偏见（prejudice）也是重要的反义词之一。使用通配符号 discrimina＊，能够检索到关键词为 discrimination、discriminatory、discriminate 和 discriminating 的相关研究；或者可以输入相反的术语，例如 inclus＊。

● 最初的文献检索通常会找到数十项甚至数百项相关研究，你需要考虑是否将它们都纳入你的文献回顾中。由于某个主题的文献回顾的范围可能会偏离你的研究，因此在文献检索过程中进行记录是至关重要的。要记录下你在哪里检索到的、如何检索的以及你发现了什么，并且应该记录下对你研究的开展产生重要影响的已有文献。

---

① 常用于英文文献检索。——译者注

排除文献也同样重要。这些文献起初看起来可能很有用，但结果却并非如此。时刻保持固定的检索方向能够节省大量的时间。许多研究人员发现电子表格是进行这种基本排序、索引和记录保存的最简单的方法。可以通过现场笔记（可能是日记的形式）来补充电子表格，用于帮助你回忆如何以及为何做出在文献方面的许多选择。

● 你可能会注意到在众多研究之中有一个重要的特征，那就是会存在偏差。一些作者在进行文献回顾时通常会关注发表偏倚（publication bias）问题，是指忽视那些没有被发表的研究，那些研究被忽略往往是因为过度依赖"统计显著性"问题（通常没有被发表的是统计上 p 值较低的结果）。在社会研究领域中，更重要的偏差是因为样本代表性不足而产生的偏差，或者是由于对性别、种族和/或宗教少数群体关注不足而产生的偏差。不管你对现有研究的总结多么完美，都有进一步完善的空间。

文献回顾中的质量控制

上文的内容应该可以帮助你找到文献，但是找到文献后，如何来进行批判性的评估？我们要知道并非所有文献都是平等的！因此，你需要评估你找到的文献的性质和质量。搜索引擎通常会首先列出那些被引用最多的论文/书籍等。但这可能是一场选美比赛。正如我们在上文所指出的，迈克·萨维奇和罗杰·伯罗斯（Savage & Burrows，2007）的论文旨在激发辩论，它确实做到了，但随着辩论的持续开展，后来的几篇论文比他们的文章更注重证据。但在任何搜索引擎中，他们的论文都是被引用次数最多的（事实上，我们刚刚也为其增加了一次引用！）。

在评估文献时，需要记住一些事情。

研究的方法、研究设计和抽样设计是什么？文献通常既会援引定性研究资料，也会援引定量研究资料。定性研究可能是有价值且富有洞察力的研究，但也可能是初步的探索性研究，或者是针对调查中某一问题的特定方面展开的研究。此外，从定性研究中归纳出的结论也是有限的（Williams，2000）。现在，假设你正在评估定量的研究论文，你需要知道使用的数据是一手数据还是二手数据。两种数据都有优缺点。如果是一手数据，样本量有多大？抽样方法是什么？并且我们总是倾向于使用概率样本而不是非概率样本（详见本书第5章和本系列工具书的第4卷）。数据收集的方式是什么？是当面访问，还是电话调查、网上调查等等？特定问题的回答率和无答复的有多少？基于二手数据的分析中也会出现一些相同的问题，但还存在其他问题。例如，是否因为无法获得直接测量而使用代理变量（详见本系列工具书的第5卷）？

27   研究发现是否有争议？类似谷歌学术等搜索引擎，都会提供论文/书籍所引用的文献的链接。在这些内容中，你可能会发现这些原始文献在理论或方法方面的问题，并且可能存在争议。在本系列工具书中，你将看到很多关于"统计显著性"和"显著性检验"的内容，因此尝试在谷歌学术中输入"显著性检验"，你将发现一场重要而生动的论战！

尽管你找到的文献可能和你的研究属于同一领域，但它们可能从完全不同的理论角度进行论证，因此研究的内容、方式以及得出的结论可能彼此之间有很大的差异。

文献出版的质量如何？我们的意思是，在发表或出版过程中应采取什么样的质量控制措施来确保文章的质量？学术期刊中有一个粗略的等级结构。最上面的是同行评审的期刊，而在同行评审期刊中排在前面的是那些影响因子最高的期刊。这并不意味着发表在影响因子高的期刊上的论文就比发表在影响因子低的期刊上的论文更好，但高影响因子期刊几乎都会有更严格的发表和接收标准（因此会拒绝质量较差的论文）。接下来是书籍的质量。再强调一次，并非所有的书都是一样的！有些是专著，通常经过某种形式的同行评审，并且（无论如何）通常是知名学者的作品。这里的一个技巧是寻找这些专著的评论。然后，还有一些是教科书，它们很少使用原始数据，并且无意成为研究型书籍。最后是报告的质量。有一些报告来自大学资助的研究项目，通常非常严谨，很可能提供比期刊文章更多的方法细节。有些研究项目也会通过网上链接提供数据库和该项目下的所有研究。

一手来源和二手来源

一手来源的文献与二手来源的文献是完全不同的，前者是直接引用相关研究，后者是转引他人研究。在转引他人研究时你应该更加谨慎。那些直接报告经验研究发现的文献和简要陈述作者关于某一主题的观点的文献是不同的，它们在认识论和方法论上都没有等价性。例如，一篇论文可能仅仅是推测"独居"的增加是由于新的亲密形式（Bawin-Legros，2004），而另一篇论文可能基于一项大样本研究通过经验证据描述了独居模式（Ware et al.，2007）。在文献回顾中可以提及前者的研究，但应该更多地关注后者的研究。

28

在已发表的文献中，相关研究的研究方法和研究发现可能存在共性和差异。在这里，你需要对它们进行综合（例如 Stahl & Miller，1989）。一个好的策略是，在表格中呈现出研究方法和研究发现并寻找相似之处和差异。比如说，有三项研究使用了相近的方法并得出了相似的结果，这一发现本身就是有趣的；但是如果其中有一项研究得出了不同的结果，那么这将是更加有趣的发现。

在文献回顾过程中，在绝大多数情况下你会发现大量的文献。有些文献对于你的研究来说处于核心位置，有些则是次要的，但你可能都想引用它们。那些处于核心位置的文献，应该是你文献回顾的主要来源，你应该尽一切努力详细完整地阅读它们，并提出同类型的问题。换句话说，你应该对相关文献进行批判性的审问。批判并不意味着批评，而是让它们接受与你自己的研究具有相同水平的方法论和理论审查！

3.3　荟萃分析和测量

对定量研究中的一些研究结果通常需要进行荟萃分析，荟萃分析是一种总结定量研究发现的特定类型的定量的文献回顾方法。荟萃分析一般拥有明确的、易于测量的因变量，例如一项实验中实验组和控制组的平均数的统计差异。平均数的统计差异往往用标准差（standard deviation，SD）来表示。这样做意味着可以在不同研究之间进行比较并在不同研究之间进行平均处理。如果没有标准化，它们就不能被轻易地进行比较或进行统计总结。值得注意的是，一项基本的荟萃分析中涉及的数学原理非常简单。事实上，要总结某个主题的研究，没有比荟萃分析更简单的方法。这是因为你可以对因变量进行汇总，并使用标准差进行跨组比较。

标准差不仅在荟萃分析中占据中心地位，而且几乎是现代统计的基础——它是构建很多统计分析方法的基础，很难找到不是建立在标准差这一统计量基础上的现代统计分析方法。标准差是少数几个非常有价值并可以手动计算的统计量之一，前提是你要确保知道它是什么。简单来说，标准差是衡量具体数值与平均值的差异程度的指标，也即平均值的差异（详见本系列工具书的第 3 卷）。一组标准差较大的数据的分布会比标准差较小的数据的分布更加分散。例如，如果商店中大衣的平均价格是 50 欧元，标准差是 10，那么大多数大衣的价格会在 40 到 60 欧元之间；而如果平均价格是 50 欧元，标准差是 100，那么价格的范围会变得更宽。

29

荟萃分析很有价值，但一般仅适用于测量相同或相似事物的研究。例如，本书作者中的一位曾利用一种测量方法来测量社会学领域的学生或学者认为社会学与艺术/人文学科或自然科学之间关系的密切程度（Williams et al.，2008）。针对这一问题所使用的测量方法虽然不是完美的，但是已在多项研究中使用，使得计算这些不同研究中平均值的标准差成为可能。尽管荟萃分析比想象的更合理，但在定量研究中，它通常只是文献回顾的一部分。荟萃分析的结果也是你的研究的宝贵基础，特别是当你希望将其他研究中的一些或很多措施复制到你自己的研究中时。

复制性研究是社会研究中的重要组成（在自然科学研究中的应用更加广泛），但是在实际的研究实践中却较少被采用，并且往往被认为是一种价值较低的研究行为因而难以获得资助。在社会研究中，对研究结果进行复制比在自然科学研究中更难，因为社会世界中的诸如特征、态度和信念等的可变性比物质世界要大得多。例如，对温度的测量可以在世界任何地方或任何时间实现标准化，而对社会阶层的测量则很难在不同地点和时间实现标准化，针对美国的社会阶层测量标准在印度或南非的测量效果可能就不那么理想了。但是，当你的研究策略或问卷等工具在不同时间或地点都可以得到有效应用时，复制则可以成为一种有价值的研究。这并不意味着一份最初是用于对多伦多的居民进行调查的问卷，在东京使用也能得到同样的效果。撇开语言的问题不谈，这样的调查问卷在应用之前需要在新地点进行效度测试（Litwin，1995，pp. 59 - 69），以了解受访者是否以同样的方式理解和回答问题。欧洲社会调查是跨文化的复制性调查工具的一个很好的例子（参见 Jowell et al.，2007 和 www. europeansocialsurvey. org/）。跨文化研究中对调查进行翻译的指南也可以在加利福尼亚大学旧金山分校的方法和测量中心找到（http：//medicine. ucsf. edu/cadc/cores/measurement/methods. html）。

　　复制性研究并不一定是复制整个研究。它可能是对抽样方法的复制，也可能只是对一个或多个研究问题或是对研究规模的复制。复制一个或多个研究问题意味着一项研究的数据可以直接与另一项研究的数据进行比较。例如，英国的几项关于定量方法态度的研究，使用了一种非常简单的测量方法来测量学生认为社会学更接近艺术/人文学科还是自然科学。尽管这些研究的总体、研究的性质或样本不同，但提出的问题是相同的，可以进行比较。有时这是事后完成的，整合了多项研究的结果。例如伦敦大学学院纵向研究中心开展的工作（https：//cls. ucl. ac. uk/new-harmonised-data-on-childhood-circumstances-now-available-to-researchers/）。

30

3.1　结论

　　文献回顾工作可以是非常简单的、非正式的，也可以是详细的、严格的和广泛的。文献回顾中的文献不仅可以包含荟萃分析，还可以包含一系列不同类型的文献，如从推测性、理论性或定性的研究到基于广泛调查或二手数据分析的论文或报告。当在论文、专著或研究报告中进行文献回顾时，对已有研究的描述有多全面，在很大程度上取决于相关文献对当前研究的重要性以及它们本身所代表的内容。我们需要十分谨慎，不能盲目地受到权威的影响。

尽管我们应该力求系统地和科学地对已有的文献和研究进行分析，或者对它们所代表的内容进行理论化，但在文献回顾中报告多少文献以及如何报告却是一门艺术。上述内容并不是开展文献回顾工作的强制性规范，更多的是希望可以成为教你进行文献回顾的指南。

3.5 本章小结

- 所有研究都有自己的历史！这段学术历史存在于已有的对某个主题的研究中，并且这些研究可能与你的研究有实质性的关系或方法论上的关系。
- 本章涉及如何通过文献回顾了解以前的研究。
- 本章阐述了如何完成文献回顾任务以及如何最大限度地提高效率。
- 本章的最后部分简要介绍了荟萃分析，在荟萃分析中，可以对先前的研究结果进行组合或重新分析，以获得更有力的发现。

31 *3.6* 拓展阅读

Vogt，W. P.（2007）. *Quantitative research methods for professionals*. Pearson.

该书的最后一章汇集了文献综述、系统评价研究和评估研究质量（该书最后一章的主题)。该书还对信度和效度进行了深入讨论(参见前一章)。

Ridley，D.（2012）. *The literature review*：*A step-by-step guide for students*（2nd ed. ）. Sage.

该书是进行文献回顾的清晰而全面的指南。它通过许多学科的例子进行说明。

通过下面这个网址可以找到其他几个进行文献回顾的指南：https：// uk. sagepub. com/en-gb/eur/disciplines/P16.

第**4**章

研究设计与研究资源

本章概要

- 概述

- 研究设计

- 研究设计的类型

- 研究资源

- 结论

- 本章小结

- 拓展阅读

概述

在第 2 章中,我们概括了定量研究的结构,并简要讨论了研究中理论的角色、数据结构和个案以及变量。在第 3 章中,我们讨论了一些必要的初步工作,这些工作必须通过文献回顾和对已有研究的荟萃分析来完成,用于帮助你找到或发展相关理论来指导你自己的研究。然而,我们要强调的是,这些阶段或过程很少是线性的或简单的,大多数研究需要在文献回顾、研究问题和理论之间不断地循环往复。

在本章中,我们将讨论研究设计和研究资源问题。虽然研究设计是由问题主导的,但它也是由研究资源驱动的。接下来,我们将从研究设计开始本章的内容。

研究设计

你的研究问题不会决定你的研究设计,但肯定会影响你的研究设计。研究设计不是研究方法而是研究的逻辑,研究设计和对相应方法的选择取决于正在进行的研究类型。

研究设计意味着什么?假设你要从头开始建造一座新房子,你需要一名建筑工人、一名水管工、一名电工等;你需要决定是否使用木材、混凝土、砖块、预制件等进行建造;你可以优先考虑环境特征、存储空间、光线等。但在你决定这些事情之前,你需要一位设计师先进行设计,包括房子的外观以及内部的装修和安排。总之,你需要一个设计。

研究也是如此。正如你建造房子不会始于你将完全用砖块建造或者你将具有某些环境特征之类的假设,你开始做研究时也不会先去假设你将使用邮寄调查或你将使用特定数据。一旦你有了一个或多个研究问题，你就需要考虑研究设计。

接下来，让我们先更深入地思考一下我们正在做什么，以便于选择我们的研究设计。

描述和解释

在第 2 章中，我们提及了描述和解释的问题，这两个问题也可以表述为"是什么"和"为什么"。我们还讨论了理论的类型，主要涉及"是什么""为什么"，以及我们是否要建构或检验一个理论。这些都会对研究设35 计产生影响。为了更容易理解，我们通过一个假想的例子来进行说明。假设你对描述某一城市的劳动力市场的情况很感兴趣，例如：谁从事什么工作？男性或女性或特定的少数族裔从事何种工作？劳动者的教育水平如何？他们住在哪里、通勤距离有多远以及如何出行？失业人员有哪些特点？劳动者中有多少人患有疾病？这些问题都是你对劳动力市场情况的描述。但为什么进行描述？可能有关的组织或政府部门希望了解更多，以便制定政策。或者，你可能正在检验某个有关劳动力构成的理论，以及某地的劳动力构成与其他地方的不同或相似之处。其实大量研究是描述性的，并且描述性研究通常也是解释性研究即回答为什么的必要阶段。

让我们继续举类似的例子：假设你感兴趣的城市就业率普遍较高，但某些少数族裔和年轻人的失业率却较高。如果你有兴趣关注这个问题，那么你已经从描述转变为解释为什么就业模式会出现不平等。现在，假设你有一份数据，其中包含所有或大多数你需要的或感兴趣的关键变量的信息，那么，你可以使用一种基本策略，将就业情况视为因变量，然后与其他自变量进行一系列交叉表分析，以寻找统计显著性。我们说这种策略是基本的（甚至可能是幼稚的），但我们应该强调，进行交叉表分析本身并没有什么问题，但有一个先决步骤，那就是"有一个好的理论（也许已经被建构出来）"。例如，可能有一个理论表明，高等教育机会匮乏的城市将面临技能短缺，而某些少数族裔和年轻人可能更难获得这些机会。因此，这种中层理论是你研究的起点，并将指引你进行更有针对性的分析。

因此，解释与理论密切相关，并能提供可以检验理论的逻辑结构，其内容如下：如果我们知道某些事物在特定的已知条件下成立（有时称为解释前提），那么假设这些条件存在于其他地方，那里的情况应该是相同的（待解释的情况）。因此，如果在几个类似的城市中，第三产业中的培训机会不足都导致了部门的高失业率，那么我们建议用上述逻辑进行解释。对此有三点需要强调：首先，所谓的"覆盖法则模型"（covering law model）通常比示例所展示的要混乱得多（Williams，2016，pp. 54 – 58）。其次，在特定情况下检验理论很少会产生完全相同的结果，并且通常最终会进行一些修正。最后，我们上面描述的分析策略实际上只能得出相当肤浅的解释，但在特定情况下可能仍然适用。

然而，我们通常是在发展相关理论。在实际研究中，这意味着我们需要解释一下我们的直觉或某种社会问题。发展理论和检验理论是循环往复的过程，研究者在检验他们的理论时常常也会修正它们。发展理论最初可能是通过描述，因此定性研究可以是一个有价值的工具。在我们假设的例子中，我们可以从描述开始，这些描述将告诉我们有多少人像 X 一样或者有多少人正在做 Y。在这个阶段，我们就可以使用并验证先前的理论，如果它们不可用，我们就可以开发我们自己的理论。我们能从这些描述中得出结论，或者尝试通过定性工作来充实它们——可以通过焦点小组或对关键知情人的深度访谈（参见 Flick，2016）。

当然，一个理论可能是完全描述性的，但这种可能性并不大，而且这样的理论大多不是很有趣。大多数理论都是为了回答"为什么"的问题；如果这些理论是正确的，那么它们会对正在发生的事情提供解释。并且大多数解释至少隐含着因果解释。

因果关系解释

在第 2 章中，我们试图对因果关系的复杂性和多样性进行阐述。正如我们所指出的，因果关系解释有多种形式（Cartwright，2003）。以贫困和预期寿命为例。我们应如何尝试构建因果关系解释？有大量证据表明，在英国那些较贫困的地区，平均预期寿命比那些富裕地区的要低得多。宣称贫困会缩短预期寿命在政治领域也许是一个有吸引力的政治口号（如果你持相反的政治观点，那么它将非常没有吸引力），但作为一个科学主张，它是行不通的。

首先，富裕地区也存在寿命较短的人，贫困地区也存在寿命较长的人。因此，任何潜在的因果关系都是基于总体平均情况。为了达到引人注目的效果，政治家经常会比较两个极端（但这些可能确实是"异常值"），而在正常情况下不同地区的预期寿命不会表现出如此巨大的差异。

其次，当我们谈到"贫困"和"富裕"地区时，是如何测量的？如果尝试其他的测量方式会不会产生不同的"贫困"和"富裕"地区？例如，可以使用以下部分或全部指标：失业率、领取最低工资的人口比例、工资的中位数、粮食供应、住房质量、预期寿命、发病率、私人或公共交通的使用情况以及受教育程度。

最后，贫困和预期寿命短之间存在许多混杂变量，其中一些变量在促成净效应方面可能比其他变量更重要，这可能会产生调节或中介效应。例如，吸烟是否比压力等因素产生更大的影响？

解释因果关系还有很多其他的障碍，但这些障碍也给了我们一些启发。

37　　在观察因果效应时，研究者通常先尝试讲述一个关于可能发生的事情的非正式的故事。这个故事通常会受到先前理论的启发，而先前的理论本身又源自其他地方的例子（并且有的是解释前提，有的是待解释的情况）。

接下来，让我们讲一个"因果故事"！贫困地区失业率高，所提供的就业岗位都是低技能、低工资的岗位，富裕地区的情况则相反。失业和低工资导致粮食匮乏，但还有其他的变量会产生影响。贫困地区是传统的工人阶级地区，曾经的劳动分工和生活方式传统在文化和历史上都由此产生。因此，饮食不良，尤其是吸烟等问题并不完全归因于贫困。这是一个很简单的故事，但是请仔细观察它，看看我们需要测量哪些内容才能将这个故事变得更加科学。

在实际的研究过程中，大多数研究者会以因果解释为目标，但这些解释并不简单，他们所追求的因果解释是来自统计模型的解释，在后面的几卷中将会有更多的介绍。一个简单的模型可能是这样的：

因变量＝比全国平均预期寿命年轻 5 岁的人口比例

自变量＝就业/失业、体力/非体力岗位、是否患有慢性病、是否吸烟、是否患有癌症、净收入、每周食品支出、居住地点和住房类型

从表面上看，自变量看起来既直观又有吸引力，而且相当全面。然而，人们需要谨慎地提出任何因果关系，仔细评估关键自变量之间的潜在联合效应（相互作用），如住房类型和患有慢性病之间的相互关系，同时也需要反思我们对变量的选择。此外，我们的模型是否有遗漏？这些数据是否涵盖了重要的变量，例如一个人的就业经历？当然，对高质量的纵向数据进行分析使我们能够观测到失业累积时间，并假设之前经历的不利事件会导致过早死亡。虽然时间顺序为那些希望进行因果推断的人提供了一些安慰，但它本身还不够。总会存在遗漏的威胁或双向因果的影响——例如，吸烟可能会导致一个人患有慢性病，或者患有慢性病可能会导致吸烟（以缓解焦虑或身体疼痛）。

你对因果关系的担心程度往往受制于你的认识论立场。实证主义者（positivists）是因果关系解释的忠实信徒，他们根本不会担心，因为他们坚持认为我们所能证明的只是变量之间的统计关联（无论多复杂）。现实主义者（realists）相对不那么顽固，虽然他们同意卡特赖特教授的观点（详见第 2 章），但他们仍然认为因果关系解释是一个值得追求的目标。就其本身而言，因果故事通常被充实到因果机制中（根据统计模型构建，并通过一些推理来判断某件事是否是合理的因果解释）。因果机制是一系列复杂的相互关联的特征结合在一起产生特定的结果。现实主义的因果关系解释的目的是建立合理的机制来解释效果（Williams，2018）。

意义的找寻

马克斯·韦伯（Weber，1949）的方法论准则是，在原因和意义层面上的解释都应该是充分的。这通常被理解为，当我们对某件事发生的原因做出解释时，如果不了解人们对其行为或决定所赋予的意义（这些意义导

38

致了我们希望解释的结果），那么这种解释是不够的。例如，在逆城市化研究中，人口从城市地区向农村或非城市地区的流动可以通过人口统计得到很好的描述（Champion，1994），我们可以了解移民的职业、教育水平以及原籍地和目的地的特征。由此，我们可以像许多研究那样得出结论——相当一部分移民的经济地位在移民后得到了改善，并据此推测这些移民的迁移行为是出于经济原因。但也有例外，有时，移民确实改善了他们的经济前景，并且确实可能从较富裕的城市地区迁移到较贫困的非城市地区（Williams & Champion，1998）。他们为什么这么做？也许他们对目的地的繁荣做出了错误的估计，或者他们出于非经济原因（也许是生活方式的原因）而搬家。

为了找出这些问题的答案，我们要像逆城市化研究者所做的那样，探索迁移对移民的意义。他们给出了什么理由以及他们是如何得出这些理由的？这只是一个例子（提供这个例子是因为本书作者中的一位对这一领域感兴趣），但实际上每个需要解释而不是描述的研究问题都会引发对意义的探索。那么，这些意义有助于共同建构社会吗？我们不会尝试回答这个问题，因为它超出了本书的范围。

意义的找寻通常被认为属于定性研究的领域——事实上，这正是定性研究的价值所在，但定量研究人员有能力并且经常通过他们的工具来研究意义（参见 Flick，2016；Marsh，1982）。

通过对描述、解释和意义及其与理论的关系的简单梳理，现在我们回到研究设计问题，以及上述内容如何与不同的研究设计相适应的问题。

4.3 研究设计的类型

继大卫·德沃斯（de Vaus，2001）之后，我们提出了四种可同时适用于定量和定性方法的主要研究设计。这些研究设计可以细分，通常可以组合或者一个嵌入另一个中。事实上，本书作者之一（Vogt，2007）提出了八种不同的研究设计。然而，为了简单起见，只有四种类型将被作为我们讨论一些设计原则的"理想类型"。

无论你是为了开展描述性研究、解释性研究还是验证理论或发展理论，所选择的研究设计都将影响研究结果。此外，虽然一种研究设计可能比其他研究设计更好，但可能存在方法或资源的限制，导致无法使用该研究设计。我们将在本章末尾讨论这一问题。现在，我们对四种研究设计进行简要介绍。

横截面研究设计

在社会科学中，绝大多数研究使用的是横截面（cross-sectional）研究设计。虽然基于横截面研究设计的研究使用的具体分析方法可能存在不同，但是它们都有一个共同点，那就是缺乏时间维度，也就是说，数据是在一个时间节点收集的。这些方法可能涉及调查、官方统计数据的收集甚至定性研究。我们研究所使用的数据可能是一手的——也就是说，为回答一个或多个特定问题而进行的定制调查（或者说定性研究中的焦点小组），也可能是二手的。在基于一手数据的分析和基于二手数据的分析中，需要考虑的方法论层面的因素会有很大不同，但无论何种数据，都只能衡量群体之间的差异，而不能衡量变化。当然，可以衡量受访者的看法或经历的变化，但不能衡量实际的变化。横截面研究设计仅能提供描述，除此之外的任何内容通常都是非正式的推论。

尽管对同一总体的重复调查可能会提供有关该总体变化的一些线索，　*40*但由于调查的个案可能会有所不同，因此只能推断总体（可能是亚总体）水平的变化。横截面研究设计包括重复横截面研究或连续调查，例如家庭资源调查，该调查提供有关英国家庭、家庭的收入和生活环境的年度信息（www.gov.uk/government/statistics/family-resources-survey-financial-year-201819）。对于许多描述性研究来说，在总体层面上描述变化可能并不重要，但当研究人员希望开展解释性研究时，缺乏时间维度信息会对解释产生制约。横截面研究设计也可以提供解释，因为它们可以揭示现象是如何联系在一起的。例如，在许多社会中，父母的受教育程度可用于"预测"其子女所取得的成就（因此它是社会流动性的一个重要因素。Erikson & Goldthorpe，2010；Goldthorpe，1985）。我们可以说，父母的受教育程度可以"解释"孩子的受教育程度，但这是一种薄弱的解释，通常只适用于大多数人，但不适用于所有人，而且可能在 A 地会是这样，但在 B 地不是。上述观点并没有给出因果关系。请思考，你的父亲的受教育程度是如何导致你在 X 或 Y 科目上取得好（或坏）成绩的？这是预测和解释同构的一个例子；尽管可以推断出预测，但它仍然是一种薄弱的解释形式，因为它仅仅是相关关系。横截面研究设计只能提供相关关系的解释，不能提供因果关系的解释。

为什么会这样？首先，在通常情况下，当我们想说一件事引起另一件事（A→B）时，我们需要测量 A 和 B，并且原因 A 必须先于 B。在教育示例中，父母的教育先于孩子的教育，因此我们至少可以推断出二者之间存在的联系。但是在许多研究领域中，时间的优先级是无法得知的。以流浪人员的研究为例，流浪和失业密切相关，但到底是失业会导致流浪，还是流浪会导致失业？在实践中，情况要复杂得多，因果关系存在于各个方向上，而且由于流浪人员的异质性和流浪的临时性，提供因果解释更加困难（Williams & Cheal，2001）。如果你想对流浪人员进行因果关系研究，横截面研究可能不是最好的设计。

其次，横截面研究主要衡量样本在特定时间段（通常被称为实地考察期间）内存在的差异。在任何给定的样本中，特征、行为、态度和信仰的变化都会随着时间的推移以不同的速率发生变化，因此这些关于变化的内容积累有助于逐渐形成因果机制解释。

41　　　　不过，即使在横截面研究中，通过统计控制和建模从而消除某些因素的影响，也可以实现因果推断，或者至少提供一些因果关系的证据。这将在本系列工具书的第 9 卷和第 10 卷中得到更全面地讨论。

个案研究设计

个案研究通常也被认为是一种研究方法。个案研究是通过对一个或少数案例进行信息收集和分析，并假设该个案是普遍现象中的一种典型代表，从而推及普遍现象的一种方式。个案可能是个人、村庄、工厂、学校、联谊团体等。例如，当政治学家希望研究为什么一些公职候选人成功而另一些候选人失败时，他们可能会深入研究特定的竞选活动，以期找到一些有关选举过程的一般性原则。个案研究通常与定性方法相关，但并非完全如此。例如，在社区研究中，威尔逊（Wilson，1997）对芝加哥传统就业形式衰落的研究，采用了多种方法，如调查、个人日记或系统观察。个案研究通过对个案中的许多变量进行深入分析来实现解释（de Vaus，2001，p. 249）。近年来，少数研究者开始对个案进行定量研究，从个案（通常是人）而不是变量开始，然后使用概率论或布尔逻辑等方法进行跨案例分析以进行概括（参见 Byrne & Ragin，2009）。

个案研究还可以发挥另一个重要作用，即理论建构，诚然，这通常是使用定性方法进行的（然而本书是一本关于定量方法的书）。我们继续分析假设的例子，为了对为什么某些少数族裔的失业率更高进行理论解释，我们可以对一些"个案"（感兴趣的少数族裔群体的成员）进行一些生活史访谈。因此，我们的研究可能采用两种研究设计：（1）横截面研究设计；（2）个案研究设计。

在从个案研究中建构理论时，我们采用了一种特殊形式的归纳推理。研究个案时的假设是她/他/它会表现出总体的典型特征。虽然是归纳法，但这与更正式的概率抽样不同（参见第 5 章和本系列工具书的第 3 卷）。这种形式的推理是非正式的，我们称之为适度归纳（Williams，2000）。因此，举例来说，当我们通过对少数族裔的访谈发现了在他们身上存在特定形式的歧视时，我们可能会进一步假设这种歧视是普遍存在的，但我们必须对这个假设进行检验。在一项高质量的研究中，研究结论不会轻易得出，仅仅描述出人们普遍经历过这种歧视是不够的，还需要探究我们前面提到的对少数族裔的歧视出现在何处、出现了多少次以及如何表现，然后再对其进行操作化和测量——通过一项调查来进一步收集数据加以研究。

实验研究设计

实验研究的存在就是为了进行因果关系解释。下文对实验研究设计进行简要的介绍。实验研究也是本系列工具书第 6 卷的主题。

实验最初是在物质科学领域（物理和化学）中发展起来的。在这一点上，它们体现了经典的覆盖法则模型，也即可以根据已知的定律在实验室条件下对某个现象进行测试。例如，根据热力学第二定律，一个物体的冷却速率可以从该物体的属性中推断出来。实验室中的实验往往是从那些根据理论或定律推演的假设开始的，并且，在实验室中，可以控制所有的外部影响（或至少控制那些已知的影响）再执行操作。实验被认为是科学家的主动干预，而不仅仅是被动观察。

但实验室外的现实世界的社会现象包含着不可数且往往不可知的属性。因此，在社会科学研究中，我们为了探索一些普遍的社会现象，必须采用与实验室实验不同的实验策略。

一种策略是通过随机化来克服社会世界中其他因素的混杂问题。这种方法被称为随机对照实验（randomised controlled trial，RCT），并被广泛应用于医学临床研究。研究人员通常采用纯随机方法将病例分为实验组和对照组，代替实验室中的实验操作。假设一家制药公司研发了一种降低血液胆固醇的药物，在经过初步实验（通常用动物）来测试其安全性后，将从患有高脂血症的目标人群中选择样本（可能会事先按年龄、性别、体重等进行分层）。假设样本是 2 000 人，其中 1 000 人将被随机分配到实验组，剩下 1 000 人被分配到对照组。实验通常是"单盲"进行的，即受试者不知道自己属于对照组还是实验组。每个人都将在相同的条件下服用一片相同剂量的药丸，但对照组服用的是安慰剂。实验结束时，将测量治疗的效果，在本例中测量的可能是治疗前后血液中胆固醇的含量。一项成功的实验很少会在实验组中全部显示出积极的治疗效果，而通常对照组中的一部分也会显示出积极的治疗结果。成功[①]的实验取决于许多因素，例如研究发现的具体内容或研究发现是否具有统计显著性。这些问题近年来一直是争论的主题，特别是"统计显著性"问题（参见本系列工具书第 3 卷）。

43

[①] 所谓的"成功"可以是实质性的，也可以是方法上的。实质性的成功将是在实验组发现有积极的治疗效果，但方法上的成功可能是明确的积极或消极的结果。

虽然随机对照实验可以用于社会研究，但所施加的"干预"比简单的药物更难控制。例如，假设有人希望测试支持长期失业者重返工作岗位的计划是否有用。原则上，我们首先需要假设 2 000 名具有相似特征的失业人员是合适的样本。然后，随机选出 1 000 人参加"重返工作"计划（实验组），剩下 1 000 人作为对照组，比较两组长期失业人员 6 个月内的就业结果。

但这可能会出现一些问题。该计划要么有效，即实验组中的大多数/所有长期失业人员实现了再就业；要么无效，即实验组与对照组没有太大差异。但是，如果发生了以下情况，那么结果会怎样？

- 对实验组中"重返工作"计划这一"干预"措施略做调整。
- 实验组的一些成员退出了该计划。
- 对照组的一些成员使用其他方法来寻找工作。
- 该地区创造了大量新的就业机会，使两个群体都受益。
- 实验组和对照组的人开始互相交谈，这会改变他们寻找工作的方式吗？
- 上述情况同时出现或出现一个以上，又会怎样？

最后，在现实世界当中，大多数的混杂因素是心理或社会因素。其中最重要的一个是"安慰剂效应"，它指的是对照组中的人在心理上的（通常是积极的）变化，他们相信"干预"（实际上是安慰剂）对他们产生了影响。在社会研究中，这种现象的延伸就是著名的霍桑效应。霍桑效应是指 20 世纪 20 年代和 30 年代在芝加哥西部电力公司霍桑工厂进行的一系列生产效率实验（Adair，1984）。它证明随着时间的推移，社会性的因素是影响生产效率的关键因素，并且这些影响往往超过实验者在工作条件中引入的任何物理变化的影响。

上述内容并不是试图阻止读者进行实验研究，因为许多效应（有时称为违反假设）是可以控制的。并且，本系列工具书中的第 6 卷展示了社会研究者如何来克服这些困难。

另一种被广泛使用的策略是准实验研究，其中实验组和对照组的成员不是随机选择的，而是根据已知特征选择的。本书作者之一进行了一项课

堂实验,在两所大学的特定模块(课程)教授了学生一系列定量研究方
法。对照组是该年级中未参加课程模块的其他学生。这样就分别提供了两
个实验组和两个对照组,可以进行四组之间的比较(Williams et al.,
2016)。但是,最后结果是模糊的,有一些迹象表明实验组学生的表现更
好,态度更积极,但并非完全如此。事实上,其中一所大学的数据因实验
组的高退出率而受到严重影响。

但这些困难可以在很大程度上得到克服,主要通过后续针对其他学
生的重复实验即可。因此,可以通过扩大样本量来了解我们观察到的微
弱的效应是否会变得更大,以及判断是否在研究起初就存在偏差。

我们在实验研究设计的介绍上用了较多的篇幅,乍一看似乎很奇怪,
因为实验研究设计可能是四种主要研究设计中使用得最少的。然而,实验
研究设计的逻辑可以扩展到其他研究设计上。

从本质上讲,实验是通过干预来实现的。在对人的研究中,通常不可
能随机分配个体接受干预或暴露,因为你无法操纵一个人。缺乏物理比较
或对照组意味着必须通过统计来实现对比("同类比较")。一个很好的例
子是评估环境噪声对居民心理健康的影响(Tarnopolsky et al.,1978;
Tarnopolsky & Morton-Williams,1980)。这些研究属于准实验研究的范
畴。坎贝尔(Campbell & Stanley,1963)的学生威廉·特罗希姆(Wil-
liam Trochim)告诉我们,邓肯·坎贝尔(Duncan Campbell)曾经认为这
些准实验是"恶心的",因为它们给纯粹实验主义者带来了一种恶心的感
觉(详见 https://conjointly.com/kb/quasi-experimental-design/)!纵向
研究设计和横截面研究设计会事后操纵数据,但不会对数据进行"干预"。
罗森鲍姆和鲁宾(Rosenbaum & Rubin,1983)在 20 世纪 80 年代引入了
一种后来越来越流行的统计匹配技术,该技术试图实现跨组的匹配,被称
为"倾向值匹配"。更多的内容可参阅奥克斯和约翰逊的著作(Oakes &
Johnson,2006)。本系列工具书的第 6 卷、第 7 卷和第 8 卷也会对此进行
较多的介绍。

纵向研究设计

定量研究中的纵向研究设计主要采用调查的方法。许多是定期重复的大样本调查。与横截面研究设计一样，它们可以用于描述或预测，但它们的优势在于能够提供因果解释。纵向研究设计相比于横截面研究设计有一个很大的优势——可以建立时间顺序。

近年来，纵向研究设计的应用越来越多，特别是在英国，因为经济和社会研究理事会（Economic and Social Research Council，ESRC）会优先考虑为大规模且复杂的数据收集形式提供资助。纵向研究设计包含有几种具体的设计及其组合。我们在这里主要介绍两个方面的内容。

面板设计

纵向研究设计中最常见的是面板设计。面板设计是指在一个时间点选择一个样本（面板）并从中收集数据，并在稍后的时间点使用相同的样本重复进行数据收集。面板设计的关键是受访者会一直被追访，这也是纵向研究设计的一个核心特征，它包含对同一个人在不同时间节点的重复测量，并将纵向调查与多次的横截面调查区分开来。然而，面板设计的问题之一是，我们无法真正知道每次测量是否捕获了所测量内容的真正变化，或者干预因素是否导致了更复杂的变化。例如，在英格兰和威尔士，国家统计局持有超过 50 万条相互关联的个人记录，这些记录来源于 1971 年人口普查中的 1% 抽样调查，并在 1981 年、1991 年、2001 年和 2011 年进行了跟踪调查，每次调查相隔 10 年。假设我们在每次调查时测量是否患有慢性病（首次测量于 1991 年），即使一个人在 2001 年报告的情况与 1991 年的相同，我们也不能说这两次调查是真的存在相同的情况，或者他们在 10 年间都这样（Collett et al.，2006）。克服这个问题的方法是在更近的时间点进行调查，以便明确长期和短期影响以及这些影响何时发生。

在面板设计中，研究人员必须面对的问题之一是样本的替换。人们出于各种原因退出调查，如搬家、不想再参与、生病、死亡等等。如果一项研究在 4 个时间点进行调查，那么是否应该包括那些在第 1 次、第 2 次或第 3 次调查后退出的个案？如果排除那些未在所有时间点都接受调查的个

45

案，则会出现剩余样本的有效性问题。例如，如果关注的是健康问题，那么那些退出调查的人可能已经生病或因病死亡。

因此，如果寻求替代样本，这些替代样本就需要尽可能与现有的样本相匹配，但很明显，那些生病或死亡的样本永远无法继续接受调查，而且这可能会扭曲最终的发现。随着时间的推移，替代样本将与原始样本存在越来越多的差异。

一些复杂的（也是花费较多的）研究将选择重叠或旋转的面板设计。此类面板设计，在不同的时间节点建立一系列的面板。例如，对面板1在第1、3、5、7年进行调查，对面板2在第2、4、6、8年进行调查，研究者从每个面板中收集相同的数据。美国当前人口普查是此类设计的一个很好的例子。该调查采用4-8-4轮换制度，其中75％的样本是按月重复调查的，50％的样本是按年重复调查的（www. census. gov/programs-surveys/cps. html）。

队列设计

在英国，有许多优秀的队列研究。队列研究通常基于对特定日期或特定时期出生的人进行抽样调查。例如英国的国家健康与发展调查（UK's National Survey of Health and Development），该项目对1946年出生的"婴儿潮"一代从他们出生起就进行调查，到现在他们已经74岁（www. nshd. mrc. ac. uk）。最新进入的队列为年龄19岁的出生队列，也即千禧队列，他们有时被称为"Z世代"或"新世纪的青少年"（https：//cls. ucl. ac. uk/cls-studies/millennium-cohort-study/）。在第7章中，我们将使用全英儿童发展调查（National Child Development Survey）来讲述数据管理的相关内容，数据中成员的年龄已经为50岁，这项调查是伦敦大学学院社会研究所纵向研究中心开展的一项队列研究，这些数据可以通过英国数据服务网站（http：//ukdataservice. ac. uk）获取。高质量的数据使得研究在不同生命历程阶段的队列中的成员成为可能，在某些情况下，还有针对家庭成员或整个家庭的队列设计。有关队列或队列设计的更多内容，请参阅赛迪亚的著作（Setia，2016）。

队列设计特别容易出现样本损耗问题，同时我们也无法确定观察到的变化是来自同时出生的人的队列效应、年龄效应还是由于调查所在的历史时期而产生的更广泛的时期效应（例如 Blanchard et al.，1977）。一些队列研究通过选择出生日期较晚或时期较晚的"轮"（wave）或"范围"来缓解这些问题，从而创建了多队列设计（例如阿姆斯特丹的老龄追踪研究，www. lasa-vu. nl/lasa-introduction. htm）。

混合研究设计

需要强调的是，我们在上文列出的四种研究设计都是理想类型，很多研究会创造性地使用混合研究设计，但通常是由于实际的研究条件限制。混合研究设计可以是先后使用不同的研究设计以检验某个理论的不同方面，也可以是不同的研究设计彼此并行，还可以是某个研究设计嵌入另一个。例如，在个案研究设计中，"个案"不是个人，而是工作场所、学校或村庄，在"个案"内可以开展纵向研究或实验性研究（de Vaus，2001）。在临床研究中（但尚未在社会研究中），"n of 1"的概念正在受到关注，在这种情况下，单个个体就是一个"个案"，随着时间的推移，可以进行许多实验干预或观察（例如 www. bmj. com/content/348/bmj. g2674）。

47

研究方法与研究设计

正如我们在上面所指出的，研究设计和研究方法之间没有必然的联系，但有些研究设计更有可能需要特定的研究方法，而有些研究方法与特定的研究设计相关。在第 6 章中，我们将更详细地介绍研究方法的类型，因此，尽管在下一节中我们将提到特定的研究方法，但只是出于它们对研究资源的影响。

4.4　研究资源

我们所提出的研究设计是理想类型。任何优秀的研究人员，只要有足够的时间、足够的专业知识和精力，就可以不断优化研究设计和相应的方法，但在实际研究中则需要进行权衡。如果要进行实验，那么无论是随机对照实验还是准实验，你都需要获得足够规模的实验组和对照组，并且你需要有一个让每个组中参与实验的人员都能坚持到最后的好办法，否则你的实验中的关键资源——实验参与者会逐渐减少!

研究资源不仅仅是指金钱，还可以是时间、设备、渠道、技能、专业知识和受访者/参与者。当我们阅读研究报告或文章时，很少看到作者提到研究资源限制，但即使在研究资源最多的项目中，也会存在限制。例如，我们不会看到有作者说采访了 195 人，是因为时间有限，也不会看到有作者说没有使用多变量分析，是因为作者对 SPSS 还没有熟练掌握!

我们并非认为研究通常是廉价的，但有些研究确实是这样，那些比较好的研究都很充分地利用了可用的研究资源。以下是一些研究资源产生影响的示例。

"最便宜"的研究通常被认为是对现有数据的二次分析，确实，这避免了昂贵的数据收集、聘请访谈员以及随后的数据录入、清理和编码费用，但它在获取和使用二手数据方面需要一些技能（本书第 7 章和本系列工具书的第 5 卷会详细介绍）。

纵向研究通常是最昂贵的研究设计。但幸运的是，大多数纵向研究都使用二手数据（除了特定的需要），这与二次分析所面对的研究资源限制是相同的。但自己开展纵向研究可能会耗费大量的研究资源，尤其是在时间方面，即使在攻读博士学位期间，你的时间相对充足，但是数据的收集也会花费 1 年多时间。而对于其他人，由于时间和成本的限制，纵向研究很难获得资助。

处于职业生涯早期或刚接触定量研究、不使用二手数据进行分析的研究人员，通常会选择的方法是调查。那么，调查面临的研究资源限制有哪些?

● 你想要获得的样本类型、样本量大小或可访问性可能是重要限制因素。有时在获得理想的样本时会出现方法问题，也可能是有无时间或能否接近受访者的问题。我们将在下一章详细讨论所需的样本类型和抽样方法。

- 当决定进行调查时，需要考虑是让受访者自填还是访问员访问。如果是前者，是否会在线进行？如果是后者，如何获取样本并联系受访者？正如我们将在下面描述的，研究问题将影响对研究设计的选择，但某些研究设计（研究方法）需要较多的研究资源。即便是一项初步的纵向研究也需要一段时间与参与者"面板"进行至少两次接触。不仅如此，研究者还必须参与该项目足够长的时间，以建立至少两次联系（并且可能是付费的！）。此外，还有现场调查的成本。因此，如果研究资源不足，可能需要改为横截面研究设计。

- 如果是这种情况，通过复制以前对类似总体的调查，可以让横截面调查数据分析更有力（详见第 2 章）。

- 研究者越来越多地使用互联网进行调查。大多数网络调查是自填式的调查（Callegaro et al.，2015；Couper，2008）。通过网络调查可以快速接触到大量人员，但填答的质量和样本代表性可能较差。此外，网络调查的应答率特别差，并且经常出现系统性无回答或项目无回答的情况（详见第 7 章）。

- 一般情况下，访谈时间越长，质量越高，并且可以更深入地探讨相关主题。但一方面，访谈需要时间，在路途上也需要花费时间，还必须联系受访者并获得同意。所有这些都需要时间和金钱。另一方面，目前使用较少的邮寄调查将需要数周时间，因为受访者需要时间完成，并且后续的邮件寄送也耗费时间。如果想要快速完成研究，从时间上来说，当面访问会更快。

- 与封闭式（固定选择）问题相比，开放式问题的成本更高。一些市场调查研究公司针对不同问题向客户收取不同的费用。一般来说，调查越简单，速度就越快，成本也就越低。开放式问题对问卷完成时间会产生影响。如果你对样本中的特定受访者的意见感兴趣，那么最好考虑在进行简单的调查后，通过定性深度访谈进行跟进。

- 在设计调查时，请考虑到你或其他人必须对其进行数据分析，即使 *49* 使用最新版本的 SPSS、STATA 或 R 语言，也必须录入和清理数据、定义和标记变量等。一旦数据结果表格开始输出，就必须对其进行解释。不要问超出你分析能力的问题，但也要小心询问你需要的内容！[①]

● 然而，许多阅读本书和本系列其他书的读者可能会利用大型数据库开展针对二手数据的分析。我们在第 2 章中提到了这种方法的优点和缺点：尽管许多数据很容易获得，但完成彻底分析所需的时间可能比人们想象的要长得多。需要对变量进行重新编码、创建新变量、进行缺失值插补，并可能需要合并数据集。这些事情很少是简单的，并且经常会出现需要很多时间才能解决的异常情况和问题。

对上述这些限制的罗列并不意味着研究资源的缺乏，而是让我们了解如何应对这些限制。所有研究都要付出金钱、时间、人力的代价。例如，如果你进行当面访问，就要尝试计算出每次面访需要多长时间，并考虑路程和联系的时间。比如说，对 300 人进行调查需要多长时间？调查员每天的费用是多少？最重要的是，在正式调查开始之前预先检测你的问卷设计并试用你的问卷是一种很好的调查实践习惯（类似于"彩排"，请参阅皮尤研究中心关于做好调查的相关描述：www. pewresearch. org/methods/u-s-survey-research/questionnaire-design/）。另外，请记住，调查员通常需要往一个住址拨打多次电话才能与受访者取得联系。可以请多少调查员？在大多数研究中，研究人员、调查员和其他工作人员的劳动力成本将占总预算的三分之二到四分之三（参见"调查成本"，https://methods. sagepub. com/reference/encyclopedia-of-survey-research-methods/n564. xml 和 Lavrakas，2008）。

如果你是"独立研究者"——有可能你是本科生或博士研究生——那么你的时间可能相对充足，但你的调查工作必须及时完成，以便在规定的时间内完成你的学位要求。纵向研究设计在技术上是可行的，但却不是最佳的选择。当面访问也需要全部由你本人完成，因此，越来越多的"独立研究者"使用互联网联系受访者或获取二手数据。

因此，在考虑你的研究设计和研究方法之前，请考虑可用于进行研究和分析数据的研究资源。

[①] 除非你打算利用后续的数据进行进一步的分析。

4.5　结论

本章考虑了研究者在研究开始时面临的一些最基本的问题。你的研究设计，无论是横截面研究设计、个案研究设计、实验研究设计、纵向研究设计还是混合研究设计，都将在很大程度上决定你可以开展的描述或解释的类型。研究设计在逻辑上独立于研究方法，应始终优先于研究方法。本章的大部分内容都是从这样的角度编写的：作为研究者，你将选择你的研究设计来进行初步研究，即使你正在利用二手数据进行二次分析，这些二手数据的研究设计也将决定你应该使用哪种研究设计。横截面研究设计和纵向研究设计之间的区别最明显，前者在数据收集中没有时间因素——它们只是快照，因此即使可以测量健康状况不佳和失业等变量，也很难知道哪个先发生。而在纵向研究设计中，这种时间排序通常是能够做到的。

所有研究都取决于研究资源，可用的研究资源很可能决定你对研究设计和研究方法的选择。大多数人认为金钱是研究最重要的资源，但正如我们所指出的，时间等其他因素也至关重要。例如，如果你不可能在短短几周内收集数千人的原始数据，就需要使用二手数据，对现有数据进行系统的分析很可能很快就会得出结果。

4.6　本章小结

● 本章涉及社会研究中的两个关键问题：研究设计和研究资源。排在首位的是研究的基本逻辑，即要采用的研究设计的逻辑。

● 研究设计是研究的架构或框架，它会影响你的研究所能得出的描述或解释的类型，以及研究方法的使用。

● 本章介绍了四种重要的研究设计——横截面研究设计、个案研究设计、实验研究设计、纵向研究设计，以及如何混合使用这些研究设计。

● 研究的可行性和局限性与可用资源有关，例如时间、人力、是否存在抽样框和/或可用的二手数据以供二次分析。

4.7 拓展阅读

de Vaus，D. A. (2001). *Research design in social research*. Sage.

本章中介绍的基本四种研究设计取自该书。在这本书中，作者深入讨论了研究设计的逻辑以及这些研究设计如何应用于实践。

Vogt，W. P.，Gardner，D.，& Haaffele，L (2012). *When to use what research design*. Guilford Press.

与上一本书一样，这本书强调了研究设计逻辑对研究的重要性。该书也提出了更多的研究设计组合，并将其与研究方法问题联系起来。

Tarling，R. (2006). *Managing social research*. Routledge.

有关管理研究资源的书籍并不多，但这本书对这方面介绍得非常详细，涵盖了委托和资助研究、项目规划和研究人员等主题。

第 **5** 章

抽　样

本章概要

- 概述：抽样与归纳

- 什么是概率抽样？

- 抽样调查的评估框架

- 什么是随机样本？

- 统计推断的前提：概率样本

- 概括的可信度

- 样本量的确定

- 样本的分配

- 设计因子

- 非概率抽样

- 对少数群体的抽样

- 结论

- 本章小结

- 拓展阅读

5.1 概述：抽样与归纳

抽样在日常生活中无处不在，我们早起品尝的第一口咖啡、在医院做血液检查的结果、搬进新家的决定以及昨晚在当地小吃店享用的美食都是在抽样。我们所采取的上述抽样措施是有必要的，并且也足够了，因为我们无须对第一口咖啡的味道、检验结果、购买或品尝食物进行非常正式或过于科学的描述。慢慢地，凭借这些经验，我们开始相信菜肴的味道、产品的质量或我们做出的决定，从而保持对特定餐厅、咖啡馆或度假胜地的好感。这是基于归纳推理，即将我们的经验从一个时间或地点推广到另一个时间或地点。假设我们在连锁餐厅的一家分店吃到美味的比萨，会认为另一家分店的比萨也同样美味，我们在不同分店吃的美味的比萨越多，就越坚定我们的想法。

社会研究也是如此，我们通过对样本的归纳推理来进行更广泛的概括。

归纳（generalisation）或可推论程度（generalisability）是社会研究者使用的一个重要概念。归纳是科学研究（以及社会研究）的一个重要特征，即说明一项研究的结果是否可以推广到其他总体和环境之中。可推论程度用于评估归纳的程度或归纳的完成程度。这两个术语经常互换使用。在自然科学中，归纳通常以一些法则为基础，在所有条件都相同的情况下，这些法则可以得到普遍适用。在社会世界中，由于不同空间或不同时间之间存在太多差异，无法实现自然科学中的归纳或概括程度，因此，社会研究中的归纳可以是非正式的，就像在日常生活中一样，一些归纳性陈述认为在不同的地方或不同的时间，一些社会特征是相似的。这些"温和"归纳主要是命题性的或存在于定性研究领域（Williams，2000）。在定量研究中，归纳是统计性的，并且是基于从样本到总体的推断。有关随机抽样重要性的说明，请参见贝尔豪斯的著作（Bellhouse，1988）。选择样本和设计研究的目的是实现外部效度最大化，这不仅要求实现从样本到总体的归纳，而且要求回答研究的各个方面（例如，提出的理论、研究方法、研究形式和研究问题等）是否以及在多大程度上适用于其他背景。

在本章中，我们将专门介绍抽样，以帮助你将抽样置于研究设计和后续分析之中。本章主要进行概括性的介绍，本系列工具书的第 4 卷将对抽样问题进行详细的阐述。

"抽样"一词在《剑桥国际英语词典》（Cambridge University Press, 55 1995）中有三种定义。下面的这个定义与社会调查研究中的抽样含义相近：

> 从大量的人或事物中选出一组人或事物，并询问这些人或测试这些事物以获得有关更多的人或事物的信息。

抽样通常被刚接触社会研究的学者视为一个棘手的概念，但抽样只有两种类型：概率（或随机）抽样和非概率抽样（每种抽样方法都有具体的抽样技术）。概率抽样是社会研究的"黄金标准"，虽然它并不总是能够实现的，但总是研究所期待的！因此，本章的大部分内容旨在让读者了解概率抽样的一些关键原理和技术。但在本章的最后，我们也将简要介绍非概率抽样。

5.2 什么是概率抽样?

在概率抽样中，总体中的每个成员都有一个已知且可计算的被抽中的概率。"总体"（population）一词不一定指给定地理位置的人口，它是一个统计术语，指我们希望归纳的人、群体、事件或事物的集合。我们的总体可能是居住在英国伦敦东南部刘易舍姆的所有人或所有成年人，也可以是个人、家庭、所有警察或烤肉店。然而，当从总体中选择样本时，我们的目的始终是追求样本的代表性。

假设我们感兴趣的是家庭，这些家庭成为我们的目标总体，那么我们必须确定代表目标总体的样本量。在定量语言中，"N"指的是总体规模，

"n" 指的是样本规模。统计推断的目标就是通过对样本的情况实现对总体情况的推断。为了使样本具有有效性，它不应仅仅是总体的一小部分，而应是有一定数量的元素（个人、组织、动物等），这些元素有已知的和可计算的概率被抽中或被包含在我们的样本中。这就给抽样工作带来了两个关键的挑战。第一个挑战是确定和获取最新的目标总体名单，以便从中抽取样本，这份名单被称为抽样框。如果我们的抽样框未能包括目标总体的所有成员，则会导致未覆盖偏差。例如，如果我们计划对选民名单中的选民进行调查，我们就需要确保在即将举行的选举中，所有有资格投票的选民都已登记并在选民名单上。众所周知，在英国，年轻男性和老年人可能在选民名单的登记上代表性不足。当然，客观来看，任何抽样框都不可能完美涵盖我们的目标总体，但我们必须采取办法扩大样本覆盖范围来应对抽样框的缺陷。[1] 接下来的挑战是在完成抽样设计之后。换句话说，应该制订一个抽样计划，以努力克服现有抽样框方面的缺陷。该设计可能具有其他作用，例如在抽样之前按区域（也被称为分层）进行划分，通过抽取某一区域的人群来实现对个体的抽取，如投票选区（也被称为集群）。从这个意义上说，抽样设计开始具有艺术设计的魅力。

抽样过程中的第二个挑战是被抽取样本的合作意愿问题。无论你使用何种数据收集方式（例如当面访问），受访者缺乏合作都会导致一定程度的无回答。一个人可以完全拒绝参与或只回答某些问题（项目无回答）。或者，当调查员试图进行询问时，被抽中的人可能不在场。未覆盖和无回答是描述偏差的通用术语，这将对我们推论的有效性构成威胁。我们也许能够通过完善抽样设计来弥补或修复一些缺陷；但即便如此，无论我们的抽样设计在办公室里显得多么优雅，它都会被无回答偏差破坏。但是，这并不意味着无法解决，总的来说，需要实地调查（用社会调查的术语来说即"走进田野"）机构付出巨大的努力，包括使用激励措施和反复尝试说服样本成员参与，以获得足够样本量 n 来减少无回答的影响。从事抽样的研

---

① 针对英国选民名单这一抽样框会有定期的方法上的检查来确保质量。详见福斯特的著作（Foster，1993）。

究人员经常区分计划样本量和实际样本量。在理想的情况下，两者应该是相同的，但在实践中，一般社会调查的回答率在 20％到 70％之间，抽样设计者必须制定策略来增加他们的实际样本量。当调查的问题得到回答并被编码到数据文件中进行分析时，研究者还可以采用一些统计方法来处理项目无回答。

　　我们在第 7 章中将详细介绍这些方法。读者如果想了解有关抽样和调查研究方法的更多内容，可以查阅本系列工具书的第 4 卷。接下来，我们将重点关注概率样本的重要性，以便对抽样理论和抽样设计进行阐述。无论你是正在设计、实施自己的调查（一手数据收集）还是使用已有的数据（二手数据），对上述这些因素都需要加以考虑。

5.3　抽样调查的评估框架

　　我们已经介绍了抽样调查中两个主要的偏差来源，即未覆盖偏差和无回答偏差。调查误差的另一个来源是我们所说的变量误差，这通常是由抽样引起的。想象一下，在抽样框明确的前提下，我们从总体名单中抽取了规模一致的几个不同的样本，这些样本中的具体组成可能有所不同。虽然在实践中我们的分析将依赖于单个样本，但也有理论指出了抽样变异性的概念，这同样是我们统计分析中方差的主要来源。调查误差的其他原因可能包括调查员存在一些先入为主的判断，例如，一些调查员可能会对留胡子的男性或有文身的女性的态度或价值观有一些先入为主的判断。总而言之，调查的偏差和误差共同构成了调查的总误差，基什（Kish，1965）对这个问题给出了图示。图 5-1 基于毕达哥拉斯定理，即直角三角形斜边长度的平方等于其他两条边长度的平方和。在基什的原始图表中，变量误差由抽样误差和非抽样误差组成。在非抽样误差来源的三角形中主要包括在调查设计各个阶段产生的误差以及在对从实地调查到的数据的收集和处理（在计算机辅助调查方法出现之前被称为数据录入或编码）过程中产生

57

的误差。造成偏差的因素主要是未覆盖和无回答。在定量研究中，偏差和变量误差之间的区别在于，无论你的 n 变得多大，偏差都无法消除，而变量误差可以通过增加样本量来减少。换句话说，你选择的整体部分越大，基于样本的任何样本估计就越有可能接近你希望捕获的总体统计数据。我们稍后将对此进行演示。将偏差（实际上是其平方）和变量误差（已经是平方的方差）结合起来，就是调查的总误差。基什的图揭示了评估样本的概念框架。

当然，稍加思考，你可能会说："图中这些优雅的三角形可能仅适用于单个调查问题，针对不同问题的总调查误差肯定会有所不同。"这一问题当然存在，但就像评估我们的调查结果一样，像基什这样的调查统计学家也提出了一些统计方法来处理特定的调查内容多、用途多的问题。图 5-1 中呈现的概念模型可以推广，以便调查从业者评估他们的调查并回答一些重大问题，例如："如何针对给定的资源优化样本设计？"但接下来让我们回到抽样的基础知识，并根据我们获得的样本做出归纳和概括。

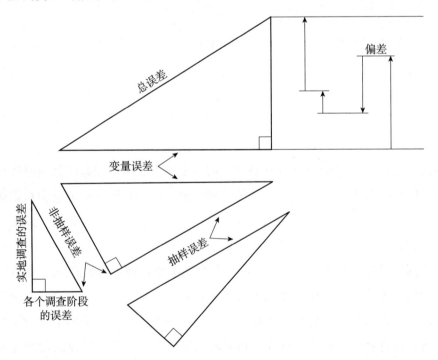

图 5-1　评估调查偏差和误差的概念框架（基于 Kish，1965）

5.4 什么是随机样本？

我们已经强调了概率抽样的重要性。概率抽样主要是从目标总体中选择某一个人或一个元素，并且他/它有已知的且可计算的概率，但我们如何实现这种抽样呢？彩票开奖是一个很好的例子：将带有编号的号码球放入滚筒中让它们混合在一起，从中随机抽取 5 个幸运数字，每次把球取出后都不再放回滚筒中，就是无放回抽样，相反，取出后再放回就是有放回抽样。从抽样理论的角度对二者进行区分具有重要的意义，但对于实际抽样没有太多的影响。在无放回抽样的情况下，假设滚筒中有 50 个号码球，第一个号码球被选中的概率是 1/50，第二个号码球被选中的概率是 1/49，第三个号码球被选中的概率是 1/48……依此类推，我们可以知道每个号码球被抽中的概率，并可以据此获得 5 个号码作为开奖号码，只要保证抽奖的人不能看到号码，就可以保证公平和透明。 59

在实践中，当我们的目标总体很大并且我们可以获得合适的抽样框时，我们需要对抽样名单进行整理并编码。我们的抽样名单可以来自特定的来源，如选民登记册，因此我们需要知道该名单是否具有可能影响我们的样本选择的任何属性。例如，如果名单按字母顺序排序，采用类似彩票开奖的抽样方法，就可能会抽到一组均以"Z"开头的样本，这可能会导致某些少数族裔群体的代表性过高。根据抽样的原则，这些样本仍然是随机样本，但是我们需要采取一些方法来避免抽样名单中本身存在的顺序带来的影响。一个补救措施是采用系统随机抽样，假设我们的目标总体 $N=1\,000$，并且每一个元素都有唯一的编码，我们希望在总体中抽取 1/10 的样本，即 $n=100$，总体中的每一个元素都有 1/10 的被抽中的概率。n/N 是抽样比，在这里就是 1/10。在许多抽样调查的教材中（例如 Groves et al.，2009），抽样比被记为 f（fraction）。f 的倒数 N/n 也即抽样间隔，在这个例子中是 10。对抽样比的转换是在我们的抽样名单中进行系统随机抽样的重要步骤。系统随机抽样的执行过程是，将原始抽样名单分为 100 个块，每块 10 个元素，我们首先选择 1 到 10 之间的一个随机数，然后连续加 10，从每个块中选择一个元素。随机数可以通过计算机算法生成，也可以通过很多教材后附的随机数表来生成。图 5-2 给出了示例，图中是从抽样名单中的第 2 号（Azan）开始的。在实践中，我们的抽样名单不会有像 1000 这样可以整除的数字来为我们提供整数的抽样间隔，但针对此类问题也有解决的方法（详见 Kish，1965；Groves et al.，2009）。

在上述例子中，样本量是"给定"或"固定"的数字，例如 100。而在我们的实际研究中，样本量通常被研究资源（时间、精力和金钱）限制，在研究资源有限的情况下，我们不必完全依赖系统随机抽样，可以进一步利用我们在抽样框中获得的其他信息，例如街道地址和邮政编码等。通过上述信息，我们可以对抽样名单进行分层。这不仅方便我们掌握样本的空间分布，而且可以帮助我们提供调查估计，从而获得有关总体在不同地区的差异的重要信息，例如，各地区的贫困程度、选民在下次全国大选中投票给特定政党的意愿等。在我们做这些更令人兴奋的事情之前，我们需要在统计理论的帮助下更多地了解如何确定样本量。接下来，我们将从简单随机样本的一些属性和由此产生的调查估计（在本例中为算术平均值和比例）开始，然后说明我们如何从理论基础上确定样本量。

唯一的ID	姓名	抽样过程
1	Arnold	
2	Azan	2=我们的随机抽样始于1到10的ID
3	Asquith	
……		
100	Bijal	
101	Cookson	
102	Cramer	第二次抽取
……		
200	Duval	
201	Drucker	
202	Ernesto	第三次抽取
……		
902	Zaha	最后一次抽取
……1000	Zygota	

图 5-2 系统随机抽样示例

5.5 统计推断的前提：概率样本

统计推断（即根据从样本中获得的特征对目标总体的特征进行归纳概括）的一个关键概念是抽样分布，也即所有可能样本统计量的分布，包含它的形态和范围。我们需要充分地理解这些观点，主要是因为在日常的统计实践中，特别是在统计估计中，它们在某种程度上被认为是理所当然的。我们用"电灯"来比喻——你不需要了解太多关于电的知识就可以打开灯。然而，了解统计学相关理论可以为定量研究的发展做出贡献（就像我们在用电过程中知道如何更换保险丝）。当我们想要估计有关我们感兴趣的总体的某些信息时，统计推断的基本思想是利用一个定律和一个强大的定理——"大数定律"和"中心极限定理"（Feller，2008；Haigh，2012）。大数定律使我们能够根据单个的小规模（随机）样本对总体做出可靠的描述。中心极限定理使我们能够在特定的置信水平上（通常为95％或99％的置信水平，其中100％代表确定性）对我们的调查统计数据做出推断性描述。当拥有相对较大的样本时，我们知道无论样本统计量的分布形态或具体形式（例如平均值）如何，样本的平均值都将近似呈现正态分布（钟形、对称且等于总体平均值）。如果你对此感兴趣并希望了解更多的内容，请参阅本系列工具书的第 2 卷和第 3 卷。

在本小节中，我们将通过使用一些数字来理解统计学中的一些关键思想。这里主要基于艾伦·斯图尔特撰写的关于科学抽样的专著（Stuart，1964），除了计算器之外不需要太多技术的帮助。下面的例子都基于一个简单的随机抽样的样本。

为了更便于理解，我们以一个由四个人组成的总体为例，分别为 Azan、Bertrand、Collette 和 Dagmar（为方便起见，分别标记为 A、B、C 和 D）。假设我们已经提前知道每个人的某些关键特征的值，例如他们的年龄。表 5-1 包含这些人的年龄和总体的平均年龄。

表 5-1   假设的总体的年龄（$N=4$；单位：岁）

Azan	Bertrand	Collette	Dagmar	总体平均年龄
28	39	21	44	33

假设你决定使用抽签的方法从该总体中随机选择两个人。如果采用不放回抽样，有多少个潜在样本？答案是 6 个。现在假设每个样本都有可能成为代表总体的样本，并且你想根据样本年龄来估计总体平均年龄。利用样本的均值来估计总体的均值是合乎逻辑的。表 5-2 列出了样本量为 2 个的所有可能样本，并提供了在每种情况下得到的样本平均值。

表 5-2   样本量为 2 的所有可能样本的平均值情况

样本组成	年龄（单位：岁）	样本平均值
1. A 和 B	28，39	33.5
2. A 和 C	28，21	24.5
3. A 和 D	28，44	36.0
4. B 和 C	39，21	30.0
5. B 和 D	39，44	41.5
6. C 和 D	21，44	32.5

如果上述 6 个样本都有相同的概率成为用于代表总体的唯一样本（我们可以通过滚动六面骰子来准确指定某个样本），那么对总体平均年龄的估计将会在 24.5 到 41.5 岁[①]之间变化。我们的样本估计值实际上都与真实的总体平均值（33 岁）相近。并且，所有可能样本平均值的平均值就是总体的平均值（你自己计算检查一下）！到目前为止，这个例子已经证明，从大小为 4 的总体中选择样本量为 2 的所有可能的样本的平均值的平均值等于总体平均值。这是一种简单的方法，可以证明统计学家提出的无偏估计的含义。我们还看到，估计值会有所不同，但好消息是我们可以（很快）量化这种变化。在此之前，让我们看看如果我们

————————————

① 在这个例子中，6 个样本的估计值都是唯一的，出现的频率均为 1。但对于总体规模较大和更多的样本，一些相同或相近的估计值会出现多次。

将样本量增加到 3，会发生什么。稍微思考一下就会发现，在大小为 4
的总体中只能有 4 个样本量为 3 的样本（见表 5 - 3）。

表 5 - 3　　　　　　　　　样本量为 3 的所有可能样本的平均值情况

样本组成	年龄（单位：岁）	样本平均值
1. A、B 和 C	28，39，21	29.33
2. A、B 和 D	28，39，44	37.00
3. A、C 和 D	28，21，44	31.00
4. B、C 和 D	39，21，44	34.67

值得注意的是，样本量为 3 的所有可能样本的平均值再次完全等于总
体的平均值。与样本量为 2 时相比，样本平均值的范围缩小为 29.33 至
37.00。事实上，这表明了一项重要发现，即通过增加样本量，我们可以
对总体平均值进行更精确的估计。精确是指随着样本量变大，样本平均值
的范围会变窄，这也是基于抽样分布经验特性的背景信息得到的。在某种
极端情况下，当 $n=N$（$=4$）时，只有一个样本（相当于对所有总体成员
进行普查），因此对总体平均值的估计没有变化。所有可能样本平均值的
范围，是我们对样本平均值的变化的非常快速和便捷的估计。但它的宽度
可能会受到最小值和最大值等极端异常值影响，因此一般来说，我们认为
标准差更适合作为表达统计中的精确程度的概念。用通俗的话说，这是
"任何值（在总体中）与总体平均值的差距平均有多远"的衡量标准。将
这个表述用数学公式来表达是很棘手的。接下来我们来看看从总体中的每
个值中减去总体平均值并尝试对差异进行平均，会发生什么。在我们考虑
该操作之前，重要的是以相同的方式计算与平均值的每个距离（也称为偏
差），因此任何低于平均值的值前面都有一个负号（一），相反，任何高于
平均值的值前面都有一个正号（十）（见表 5 - 4）。

表 5 - 4　　　　　　　　　衡量总体变异的标准（$N=4$）

个体	具体值（年龄）	具体值与总体平均值的距离
A	28	28－33＝－5（比总体平均值小 5 岁）
B	39	39－33＝＋6（比总体平均值大 6 岁）

续表

个体	具体值（年龄）	具体值与总体平均值的距离
C	21	21－33＝－12（比总体平均值小 12 岁）
D	44	44－33＝＋11（比总体平均值大 11 岁）
	与总体平均值的平均距离＝距离之和/4＝0/4＝0	

当我们试图计算总体中的值与总体平均值的平均距离时，我们会发现这个想法是失败的，因为它们的距离之和为 0。任何一组数字都是如此。我们怎样才能解决这个问题呢？一种解决方案是忽略正负号并简单地计算绝对距离的平均值，如果这样做，则上表中的绝对距离平均值＝8.5（34/4）。这种度量被称为平均偏差，它带有这样的观点：我们对考虑"＋"或"－"符号时的平均距离不太感兴趣，而对偏离平均值本身的总量感兴趣。另一种解决方案也是数理统计学家青睐的解决方案，即对每个距离进行平方，将平方和相加，然后求平方和的平均值，并且为了近似回到原始测量尺度，最后取平方根。结果如表 5-5 所示。

64　表 5-5　　　　　　　　　　计算总体标准差的过程

个体	具体值（年龄）	偏差	偏差的平方
A	28	－5	25
B	39	＋6	36
C	21	－12	144
D	44	＋11	121
	偏差平方和		326
	偏差平方和的平均值		81.5
	取平方根后的结果		9.03

偏差平方和的平均值（81.5）被称为总体方差，其平方根值 9.03 是总体标准差，它接近但不等于平均偏差。这只是一个例子，说明在定量研究中经常有不止一种方法来操作化（用数字表示）一个概念。很多特征（例如平均值或标准差）都描述了变量（年龄）分布的属性。这里的平均值代表分布上的"典型"人或位置（正式意义上的平均值被称为位置度量）。接下来，我们来探索在表 5-2 的情况下样本平均值的偏差，见表 5-6。

表 5-6　　　　　　　样本量为 2 的所有可能样本的平均值的抽样偏差情况

样本组成	年龄（单位：岁）	样本平均值	与总体平均值的偏差	偏差的平方
1. A 和 B	28，39	33.5	0.5	0.25
2. A 和 C	28，21	24.5	−8.5	72.25
3. A 和 D	28，44	36.0	3.0	9.00
4. B 和 C	39，21	30.0	−3.0	9.00
5. B 和 D	39，44	41.5	−8.5	72.25
6. C 和 D	21，44	32.5	−0.5	0.25
		偏差平方和		163
	偏差平方和的平均值（所有可能样本平均值的方差）			$163/6=27.16$[a]

[a] 可证：总体方差$\times 1/n \times (N-n)/(N-1)=81.5 \times 1/2 \times 2/3=27.16$。

总体方差和所有可能样本平均值的方差之间存在联系。前者描述总体中各个值之间的变化，而后者描述给定样本规模（在此例中为2）下所有可能样本平均值之间的变化。直觉上，你可能认为总体中的变化比从总体中抽取的样本的情况更重要。事实证明，如果将总体方差乘以$1/n \times \{(N-n)/(N-1)\}$，则这正好等于所有可能样本平均值的方差 $[81.5 \times 1/2 \times \{(4-2)/(4-1)\}]=81.5 \times 1/3=27.16$。除了普查（其中$n=N$）这种极端的情况外，这种关系适用于任何大小的样本。

对于总体而言，一些统计特征是恒定的（即使在大多数情况下它们是未知的），而基于样本的相应估计将根据样本成员的构成发生变化。在统计术语上，用参数值（基于总体）与统计值（基于样本）进行区分，通常用希腊字母 μ 代表总体平均值，σ 代表总体标准差，σ^2 代表总体方差，相应的样本统计量通常记作 $\bar{x}$、s 和 s^2。当然，在撰写文章时，我们不必严格遵循此惯例，可以选择任意单词（和字母）来表示我们想要表示的意思。这样，$\bar{x}$ 就不仅仅是一个统计符号——它也可以表示一个变量的符号。当我们想要使用样本统计值来估计总体参数值时，我们希望它是无偏的，或者用统计术语来说，其期望值等于总体参数值（就像知道对于总体中所有可能的样本平均值而言，样本平均值等于总体平均值）。事实上，通过样本平均值来估计总体平均值的效果很好。正如斯图尔特（Stuart，1964）所言，当我们估计总体平均值时，"还有什么比计算样本中的对应函数（平均值）更好的呢"？他称之为"对应原则"。但这一原则并不适用于总体方差，其中样本方差抽样分布的"镜像"或"对应"计算不会得到对总体方差的无偏估计。为了应对这一问题，统计学家进行了弥补。可以证明，如果我们将总体的偏差平方和除以 $N-1$，并且类似地，将每个样本的偏差平方和除以 $n-1$，则样本方差等于总体方差乘以 $1/n(1-f)$，其中 f（抽样分数）等于 n/N。对于大规模调查而言，n 很可能由从数百万目标人口中选出的数千个人组成，因此 $(1-f)$ 会非常接近 1，以至于我们可以放心地忽略 $(1-f)$ 带来的影响并简单地用总体方差除以 n。

66 　　在我们上面的例子中，从规模为 4 的总体中抽取规模为 2 的样本（如表 5-1 和表 5-2 所示），$1-f=1-2/4=0.5$；当 $n=3$（总体规模为 4）时，$1-f$ 为 0.25，均与 1 的距离较远。让我们看看它是否适用于表 5-2 中的第一种情况。这次我们将使用"旧方法"计算每个可能样本的样本方差，每次将偏差平方和除以 2，然后简单地调整估计值并除以 1（见表 5-7），即相当于将下面的样本方差乘以 $n/(n-1)$（此处为 2）。

表 5-7 　　　　　　　　　　　　计算抽样分布的抽样方差

样本组成	年龄（单位：岁）	样本平均值	样本方差	调整后的样本方差
1. A 和 B	28，39	33.5	30.25	60.50
2. A 和 C	28，21	24.5	12.25	25.50
3. A 和 D	28，44	36.0	64	128
4. B 和 C	39，21	30.0	81	162
5. B 和 D	39，44	41.5	6.25	12.50
6. C 和 D	21，44	32.5	132.25	264.50
	偏差平方和		326	652
	偏差平方和的平均值		54.33	108.67

　　注：对于规模为 2 的样本，样本方差是两个值之间的差值平方除以 4，例如，对于样本 6，样本方差 $= 1/4 \times (44-21)^2 = 1/4 \times 529 = 132.25$。

在表 5-5 中调整后的总体方差为 326/3＝108.67，它等于调整后样本方差的平均值（也是 108.67），所以我们实现了对总体方差的无偏估计。

这些结果除了提供了对统计理论世界的一些见解之外，还告诉我们，在实践中，当我们仅使用从特定的总体中抽取的单个样本时，能够通过无偏估计量（样本平均值）来估计总体平均值，这里的样本平均值实际上是所有可能样本平均值的平均值。此外，（理论上）我们还可以估计抽样的方差。到目前为止，我们一直假设我们已经知道总体参数值，因此我们能够证明样本统计值和总体参数值之间的重要关系。但是在实践中，我们必须采取补救措施来处理我们估计中可能出现的"误差"。我们将样本方差定义为等于总体方差乘以 $1/n \times (1-f)$，但是我们不知道 总体方差。我们虽然认为可以通过样本方差估计总体方差，但这又取决于样本平均值的抽样分布。实际上我们最终想要做的是使用我们的调查样本的样本方差来对总体方差进行估计。为了进行区别，由此产生的标准差是指我们对样本平均值的抽样分布的了解，我们将此估计称为"标准误差"。因此，如果我们的样本很大，标准误差就变成了 $\sigma/\sqrt{n}$ 或严格意义上的 $s/\sqrt{n}$。对于二分变量（例如，美国居民样本是否支持共和党），其等效项可以简化为 $\sqrt{P(1-P)/n}$，其中 P 代表总体中支持者的比例，我们可以用样本比例（p）作为我们对 P 的估计。我们在本节中讨论了无偏性和抽样偏差的概念。现在，为了对总体特征进行概括，我们需要更多地了解样本平均值的实际分布。一种方法是仅使用样本平均值作为对总体平均值的估计，但我们了解到，不同样本的平均值会有所不同，尽管事实上它们均以总体平均值为中心。我们在对标准误差的估计中可以捕获这种变化的程度，因此在构建我们的估计时以某种方式使用这些信息是明智的。我们在对抽样分布具体内容的估计上需要秉持一些明智的谨慎态度。这种谨慎带来了你可能听说过的一个概念——置信区间，即我们在多大程度上相信我们的决定。置信区间按照惯例通常是 95％。

67

5.6 概括的可信度

重申一下我们在本章开头中所说的，抽样的目的是进行概括或归纳。概括或归纳很容易，但要确保你做出的概括或归纳能够成立，就涉及区间估计。本节将介绍如何进行区间估计。区间估计在本质上就是从样本平均值中添加和减去一个量。该量被称为总体平均值或比例估计的误差幅度（margin of error）。

置信区间＝样本平均值±误差幅度

68 其中，误差幅度等于 A 乘以标准误差。乘数值 A 是我们期望的置信水平，并且是基于正态分布（即高斯分布）获得的。那么我们如何进行估计置信区间的计算？

置信区间的计算方法建立在前面提到的中心极限定理的基础上。中心极限定理告诉我们，无论总体的分布形状如何，所有可能的样本的平均值所构成的分布（抽样分布）将是以总体平均值为中心对称的，也就是说，总体平均值是一条对称轴，它将抽样分布精确地分成两部分，样本平均值均匀地分布在两侧。换句话说，总体平均值也是分布中最中间的值（称为中位数），并且该点的高度（相对频率）处于最大值（众数）；也即对于对称的钟形曲线而言，均值、中位数和众数都相等。上述分析表明，无论总体分布的形状如何，抽样分布（或作为均值特例的比例）都将近似于正态分布。你可能对研究收入或财富（住房存量、投资等）感兴趣，众所周知，收入或财富的分布是偏态的或不对称的，因为收入或财富的最大值拉长了分布的尾部。但是，收入或财富的抽样分布将呈正态分布，你可以根据样本估计值以及误差幅度进行估计。一旦我们可以假设任何变量的抽样分布都是正态分布的，那么我们只需要知道关于该变量的两件事（如果你愿意，可以称之为参数）——它的平均值和标准差。因为我们从事的是估计工作，你可能还记得抽样分布的标准差与标准误差是相同的。正态分布的一般属性是，通过在平均值两侧移动三个标准差，可以覆盖所有值的 99.9%。对于样本平均值的抽样分布而言，这意味着在平均值两侧移动 3 个标准差，可以覆盖几乎 99.9% 的值范围，这些值范围提供了可能的样本平均值的范围。表 5-8 提供了不同置信水平的两个常规乘数值（取自标准正态分布）。

表 5-8　　　　　　　　　　不同置信水平的乘数值（A）

	置信水平	
	95%	99%
乘数值（A）	±1.96	±2.58

注：乘数值（A）相当于沿正态分布水平轴的标准差（此处为误差）数，必须保证在平均值的两侧能覆盖样本平均值所有可能值的 95% 或 99%①。本系列工具书中的第 3 卷将更多地介绍正态分布相关内容。

为了便于说明，假设我们对当地劳动力市场进行了研究，样本数量为 1 440 人，样本收入平均值为 34 000 英镑，样本标准差为 12 000 英镑。平均收入的 95% 置信区间为：

$$34\,000 \pm 1.96 \times 12\,000/\sqrt{1\,440}$$
$$=34\,000 \pm 1.96 \times 316.23$$
$$=34\,000 \pm 619.81$$
$$=33\,380.19 \sim 34\,619.81（英镑）$$

如果我们想对估计的置信区间更有把握，就可以将置信度提高到 99%，我们将获得一个新的区间：

$$34\,000 \pm 2.58 \times 316.23$$
$$=34\,000 \pm 815.87$$
$$=33\,184.13 \sim 34\,815.87（英镑）$$

简而言之，如果你想对自己的估计更有把握，那么只需增加乘数的值

① 即要保证样本平均值有 95% 或 99% 的概率在这一区间内。——译者注

即可扩大置信区间。然而,置信区间并不能无限扩大,你必须在某个临界点划清界限。在理想情况下,你可能更喜欢确定性,但这样一来,置信区间的宽度就会变大,过大的置信区间会导致一开始就费尽心思进行的调查是毫无意义的。缩小置信区间宽度的一种方法是选择更大的样本(例如将样本数量加倍到 2 880)并坚持使用传统的 95% 置信区间。假设样本平均值和标准差保持不变,则估计值为:

$$34\,000 \pm 1.96 \times 12\,000/\sqrt{2\,880}$$
$$= 34\,000 \pm 223.61$$
$$= 33\,776.39 \sim 34\,223.61\,(\text{英镑})$$

要点是,通过增加样本量,你的估计会更加精确,因为标准误差会更小。标准误差是样本量平方根的函数,为了将标准误差值减半,你必须将样本量增加 4 倍(因为 $\sqrt{4} = 2$)。如果你的预算有限,那么这不是一个现实的选择。

⁷⁰ ## 5.1 样本量的确定

当我们了解了在特定样本中置信区间估计的基本原理,我们还可以使用这些原理来回答抽样调查中的另一个问题,即:我们需要多大的样本量来实现估计中所需的精确度?简单地认为"样本越大越好"并不容易,因为确切的精度取决于样本的性质、特定变量的数量以及你拥有的研究资源(de Vaus,2014)。大数定律意味着,大总体中的小样本有时比小总体中的大样本能更好地描述该总体。因此,我们需要一种计算适当样本量的方法。例如,假设我们想要实现将对当地工人的平均收入的估计控制在 2 000 英镑以内——这相当于将误差幅度设置为 2 000 英镑——那么需要多少样本量?计算方法为:

$$2\,000 = 1.96 \times s/\sqrt{n}$$

假设我们的置信水平为 95%（即，将乘数设置为 1.96），并且根据过去的调查数据，"s" 的估计值为 12 000 英镑。然后通过对表达式两边求平方来去掉 $\sqrt{}$，我们得到：

$$n = \{1.96^2 \times 12\,000^2\} / 2\,000^2$$
$$= \{3.841\,6 \times 144\,000\,000\} / 4\,000\,000$$
$$= 3.841\,6 \times 36$$
$$= 138$$

上面计算出的样本量相当适中，但我们假设的误差范围却相当大。接下来，让我们尝试另一个涉及比例的例子。假设我们想要估计生活在毛里求斯的成年人中，希望政府积极鼓励岛民不要往海中丢弃塑料垃圾的比例（或百分比）在 2 个百分点以内，我们需要多大的样本？当 P 是比例时，比例标准差的公式可简化为 $\sqrt{P(1-P)}$，当 P 是百分比时，可以写为 $\sqrt{P(100-P)}$。当然，P 是未知的，也是我们调查的目的，但幸运的是，$P(100-P)$ 的性质是可以预见的，如表 5-9 所示。

表 5-9　　　　　　　　　$P(100-P)$ 的对应值（P 为百分比）

P	10%	30%	50%	70%	90%
$100-P$	90%	70%	50%	30%	10%
$P(100-P)$	900	2 100	2 500	2 100	900

请注意，当 $P=50\%$ 时，$\sqrt{P(100-P)}$ 的值最大，因此，在我们没有从任何先前调查中获得 P 的估计值的情况下，通过上述平均值的示例，我们可以采取"最坏情况"并假设 P 为 50%，这意味着对于任何给定的样本，标准误差都将达到最大值。因此，使用 95% 置信区间估计的表达式为： 71

$$2\% = 1.96 \times \sqrt{P(100-P)} / \sqrt{n}$$
$$n = \{1.96^2 \times P(100-P)\} / 2^2$$

现在我们把 $P=50\%$ 代入，可得：

$$n = \{3.841\,6 \times 2\,500\}\;/4$$
$$= 2\,401$$

如果毛里求斯的所有样本居民都对我们的调查做出回应，那么 2 400 多人的样本听起来很合理，而且不致花费过多资源。

到目前为止，我们的相关论述都是基于这样的想法：使用简单的随机样本（或者实际上是系统的随机样本）来创建对社会世界的统计描述，并了解一些有用的内容，例如如何谨慎地进行估计并在计划调查时确定样本量。然而，在实践中，我们可能不使用简单随机抽样（simple random sampling，SRS）。我们已经提到，当我们的抽样框中包含姓名、地址、联系电话号码或电子邮件地址等其他可用信息时，可以进行分层——例如，抽样框中包含地区或性别信息，这些信息使抽样设计能够实现跨组分配样本或从一开始就根据特征定义不同的层，并在每个层内系统地进行抽样。这样做可能很方便，并且如果调查发起人希望按地区或性别进行估计，也是可取的。如果我们的分层变量恰好与我们在调查中感兴趣的关键变量（例如收入）相关，那么可以提高估计的精确度；也就是说，得到的标准误差将小于我们忽略分层的标准误差（更多内容请参见本系列工具书的第 4 卷）。一般来说，我们的抽样设计偏离 SRS 将会影响我们估计的精度。SRS 是概率抽样设计的基准。接下来，让我们简要考虑其中一些问题。

5.8 样本的分配

首先，在介绍 SRS 的其他方面的内容之前，让我们继续介绍分层的应用。在实践中，在选择样本之前，我们必须决定如何分配样本。最常见的方法之一是按照人口比例分配样本，如果某个国家 40% 的成年人居住在最北部地区，那么我们会将 40% 的样本分配给该地区，并在其下辖的每个区域内进行随机抽样（最有可能使用系统随机抽样）。这样做无须进行大量的计算，只要你在每个层中以相同的概率进行采样，此设计就可以为每个成员（标记为 EPSEM）实现等概率抽样。因此，如果总体采样分数为 f，其中 $f = n/N$，则任何层 S 中的抽样概率都将为 n_s/N_s，等价于 n/N。按比例分配的反面被称为不按比例分配，即我们决定将不成比例的样本分配到一个或多个层中。这被称为"过采样"或"欠采样"。它的使用并不意味着我们已经偏离了概率抽样，但是层内抽样概率的变化意味着我们必须对相应的层估计进行"加权"以平衡抽样概率的差异，以便获得对整个样本的合理估计。使用现代软件工具可以非常简单地实现这一点，但最好有一个充分的理由来说明为什么使用不按比例分配。这些理由可能是你需要更深入地研究特定地区的居民，也可能是派调查员到遥远地方的成本较高。还有一些理论上的原因，例如你的关键变量在各层内变化很大，这就要求你在变化较多的层进行过采样。

关于分层，实际上就是在各个层内挑选样本成员。在某种程度上，分层设计最接近我们对样本代表性的理解。如果事先知道各个层的成员的特征，则在设计中可以有多个分层因素。

或者，我们可能知道个体属于被称为集群（clusters）的集合体，例如选民区、载满乘客的飞机或公共汽车，以及班级、学校等。我们不再对每个集群均进行抽样，而是在对个体进行抽样之前先选定某一个集群。如果我们对总体中的每个集群都进行采样，那么该集群将不再是一个集群，而是一个层。关于整群抽样的一点是，它通常涉及两个或多个阶段的选择，因此该术语通常与多阶段抽样互换使用。在进行面访调查或计算机辅助调查时，整群抽样具有独特的魅力，它可以实现对调查最后阶段或第二阶段的样本分配的管理，以便使调查的数量（或曰"工作量"）相对固定。对于两阶段抽样设计而言，在第一阶段对单元或集群的选择一般要采用"概率与大小成比例"抽样，也称为 pps 抽样，以便让规模较大的集群获得相对更多的入样机会。在第二阶段，在选定的第一阶段单元或集群中选择恒定或固定数量的样本单元（通常是人或地址）。巧妙的是，两个阶段的抽样概率的乘积（称为总体抽样概率[①]）始终是恒定的。EPSEM 样本是经过精心设计的，因此样本的分配不会分散到全国各地，从而节省差旅和实地工作的成本。有关抽样和概率的更多内容，请参阅本系列工具书的第 3 卷。

5.9 设计因子

到目前为止，我们介绍的很多内容都与区间估计有关，特别是"误差幅度"，它有两个主要组成部分：乘数（由你的置信水平决定）和标准误差（总体标准差或其估计值与样本量平方根的比值）。标准误差的大小取决于你的样本设计（通常是简单的随机样本）和样本量大小（在二次分析的情况下取决于二手数据的样本量，在收集一手数据的情况下根据预算等进行决定）。在实践中，抽样设计不一定是 SRS。可以有充足的理由偏离 SRS，特别是分层随机抽样和整群抽样，或者是二者的组合。关于偏离 SRS，这里有两点需要强调：第一，不采用 SRS 仍然可以获得一个概率样本，样本中的每个成员都有已知且可计算的被抽中的概率（本系列工具书的第 3 卷将介绍更多内容）。第二，标准误差（抽样方差的平方根）受抽样设计的影响。通常，对于分层随机抽样，对于相同大小的样本，标准误差小于 SRS 的标准误差；对于整群抽样，标准误差大于 SRS 的标准误差。在分层随机抽样下，我们利用了先验信息，因此如果分层因素（例如区域）与你的关键调查结果相关，你就会获得精度较高的结果（即较小的标准误差——所有其他条件相同）。在整群抽样下，同一集群的成员（一个家庭的成员）很可能具有相似的观点和习惯，因此，如果你的样本包含多个集群成员，则很可能会出现信息重复，这会导致抽样方差膨胀，因此在其他条件相同的情况下，我们的估计将不太精确。

[①] 总体抽样概率＝初级抽样单位的数量×初级抽样单位规模/总体规模×初级抽样单位的固定访谈数量/初级抽样单位规模。第一阶段抽样概率的分子（初级抽样单位规模）等于第二阶段抽样单位概率的分母，无论选择什么初级抽样单位，总体选择概率都是恒定的。

上述只是一些宽泛的概括，但它们对于理解抽样理论确实有重要的作用，并促使我们考虑上述抽样设计与 SRS 的偏差，可以通过被称为设计因子（design factor）的量来衡量，该量等于实际采用的抽样设计下的标准误差与 SRS 的标准误差的比值，即：

$$设计因子（deft）=SE_{实际采用的抽样设计}/SE_{SRS}$$

如果实际采用的抽样设计的标准误差等于基于 SRS 的标准误差，那么 $deft=1$。通常，对于分层随机抽样设计，$deft<1$；对于整群抽样设计，$deft>1$。分层随机抽样和整群抽样的联合使用可能导致 $deft$ 在 1 附近徘徊。$deft$ 的值可应用于构建置信区间，使区间宽度根据不同的抽样设计变窄或变宽。与 $deft$ 相关的一个度量是 $deft^2$，通常称为设计效果 [design effect（$deff$）]。当我们考虑抽样方差时会使用此统计量，这与成本计算模型和抽样效率等概念有关。首先，任何抽样设计下的有效样本量 [effective sample size（$neff$）] 是指能够达到与实际样本量（n）相同精度水平的 SRS 的样本量大小，其中：

$$neff=n/deff$$

因此，任何 $deff<1$ 的情况，都将提高效率（有效样本量大于实际实现的样本量），任何 $deff>1$ 的情况，都会降低效率。从数字上讲，对于 $n=2\,400$ 和 $deft=1.3$ 的情况，$neff=2\,400/1.3^2=1\,420$。以百分比表示的 $neff/n$ 比值为我们提供了抽样效率的衡量标准，$1\,420/2\,400×100\%=59\%$，也就是说，我们通过实际样本量实现的统计估计效果，与通过 SRS 获得的样本量大小为 1 420 人的统计估计效果是一样的。也即与简单随机样本相比，我们的样本效率为 59%。

5.10 非概率抽样

非概率抽样的方法比上述方法简单得多，但坦率地说，从样本推广到总体的可信度都要弱得多。在研究资源少、抽样框缺乏或可访问性低等条件的限制下，可能需要采用非概率抽样。

配额抽样

配额抽样（quota sampling）可能被视为仅次于概率抽样的"第二选择"，甚至比概率抽样至少具有一个方法上的优势！过去，关于"配额概率抽样"（Sudman，1966）与概率抽样之间的争论在很大程度上将市场研究人员与官方统计学家区分开来（Marsh & Scarborough，1990），前者捍卫了配额抽样的方法实用性和准确性。配额抽样要求研究人员知道给定人群中有多少人（或群体等）具有感兴趣的特征。这种先验知识的基础通常来自国家人口普查或其他调查。在任何给定的城镇（在英国、美国和大多数其他西方国家），我们可以找出有多少男性和女性、每个年龄段有多少人、有多少人住在公共住房中、有多少人拥有汽车等。因此，我们可以设计一个样本，其中样本名额分配与总体中具有该特征的人数成正比。

但配额抽样确实有一些缺点。市场研究人员一般在购物中心或商场采用配额抽样的方法进行当面访问式调查。例如，虽然调查员（调查员实际上根据配额进行选择）可以在繁忙的购物中心快速完成配额（根据年龄、性别、社会阶层等），但这些人可能有一些特殊性，而在配额特征中未被指定。例如，你可能会在一堂社交课程中完成这些人的配额，但很可能所选的购物中心/商场太贵而无法吸引来自这些课程的许多人，这意味着你最终抽样的人可能是非典型的，因为他们过度代表了在该购物中心/商场的购物者。

此外，一些特征，尤其是年龄，取决于最初的观察选择。如果你需要5个年龄在40岁到50岁之间的人，那么选择那些"看起来"大约45岁的人会更快。同样，你会完成你的配额，但在一个年龄范围内，选择可能会很窄。

但配额抽样有一个好处！只要你坚持足够长的时间，无回答的问题就会消失！

5.11　对少数群体的抽样

另一个与概率抽样的严格性相背离的是，在我们尝试选择样本的一开始，目标人群可能很"稀有"或"隐藏"在人群之中，构成少数群体。"稀有"人群是指在普遍的人群中存在的少数人，例如钢琴调音师或世界语使用者；而难以找到的人群是完全或部分隐藏的人群，如大麻吸食者；稀有且隐藏的种群将结合这两种特征。因此，如果我们感兴趣的总体没有清晰可用的抽样框，那么在某些情况下，现有的调查可能会提供我们感兴趣的人群的子样本。例如研究孤独的老年人，如果我们能够获得相关数据以识别老年人和孤独者，便可以进行后续或深入的访谈。

然而，在大多数情况下，我们必须求助于滚雪球抽样（即一名受访者可以成为线人并引介总体中的其他成员）或者方便抽样（即招募任何可用的受访者）。近年来，滚雪球抽样通过一种被称为受访者驱动抽样的技术得到了改进（Heckathorn，1997）。少数群体的规模是通过估计个体被选择的概率来测量的，以提供一些可靠的概括（Bernard et al.，2018），或者通过捕获-重捕获法（capture-recapture），即通过观测到的某些比例来估计总体大小和特征（Sudman & Cowan，1988；Williams & Cheal，2001）。

5.12　结论

在本章中，我们从简单但重要的概括或归纳的概念出发。概括或归纳在社会研究中至关重要，因此严格的抽样是必要的。本章的大部分内容介绍了概率抽样的一些关键特征和技术。

　　我们首先描述了一个总体框架，用于考虑对抽样调查的主要威胁——主要是偏差和方差。然后，我们继续关注抽样框的可用性、基于 SRS 的均值和比例的置信区间估计的构建，以及偏离 SRS 的影响。[①] 当一些大型的社会调查只能提供几个我们感兴趣的问题时，我们则需要进行自己的抽样调查。简而言之，我们的信息需求通常是多用途的，因此需要许多项目来增强我们对社会世界各个方面的认知和理解——例如，对性行为的国家比较研究（Erens et al.，2014）或犯罪受害情况研究（Office of National Statistics，2017）。无论你的调查主题是什么，你最终分析的都是由一个复杂的过程生成的数字，其中涉及许多有关收集数据、定义和普通的"人为错误"等的问题。但是，这些复杂的问题都不应妨碍你采用一个概念框架，该框架提供了一种系统的方式来让你思考自己的调查，无论是用于二次分析的框架（详见本系列工具书的第 5 卷），还是通过抽样设计自行进行调查的框架（详见本系列工具书的第 2 卷、第 3 卷和第 9 卷）。重要的是要记住，在调查研究中，无论你在抽样框的构建和抽样设计上付出了多大的努力，以及你决定采用何种数据收集方式，你都必须进行样本选择和分析，确保这些受访者能够配合，才能获得概率抽样可以提供的好处。得到受访者的回答通常意味着安排重复回访（反复到受访者的地址、拨打电话、发送提醒电子邮件等）。如果受访者拒绝合作，那么尽可能多地记录不回答者的信息将有助于解决差别无回答问题。如果你的调查数据是要存档的，那么尽可能多地获得有关调查过程的信息也很重要（有时被称为平行数据，例如为了获得答复而进行了多少次尝试）。

　　除了在获取概率样本过程中的实际挑战之外，本章在很大程度上忽略了调查成本和精度之间的相互作用的相关内容，当然，这将是你考虑如何使用预算或评估信息价值时需要考虑的因素（详见第 4 章）。

---

　　① 有兴趣了解更多调查设计的读者，请参阅查娅和布莱尔的著作（Czaja & Blair，2005），对复杂调查设计的标准误差计算感兴趣的读者，请参阅格里纳韦和拉斯的著作（Greenaway & Russ，2016），他们制作了一份有用的指南（可以广泛应用），以帮助英国国家统计局社会调查（www.ons.gov.UK）的用户，其中包括 SAS、R、SPSS 和 STATA 中调查设计的方法和说明。

本章的重点是让你更多地了解生成数字（数据）的过程的重要性，以便让数字能代表需要的"信息"。在第 7 章中，我们将把在调查过程中获得的信息与制定分析策略联系起来，帮助你充分利用掌握的信息并仔细准备数据以实现最后的分析。重要的是要记住，你的抽样设计将对你的分析产生影响。这很可能是对数据进行重新加权或采用明确的统计方法。特别是，本系列工具书的第 9 卷中解释了处理通过整群抽样获取的数据的统计建模技术的应用。在下一章中，我们将讨论如何通过调查获取数据。最后，我们引用卡尔·波普尔的一段话：

> 科学史，就像所有人类思想的历史一样，是一部不负责任的梦想的历史，是一部固执和错误的历史。但科学是为数不多的，也许是唯一的，只要有错误就会受到系统批评的人类活动，并且通常会及时得到纠正。这就是为什么我们可以在科学中说，我们经常从错误中吸取教训，以及为什么我们可以清楚而明智地谈论科学进步。
>
> ——卡尔·波普尔《猜想与反驳：科学知识的增长》
>
> (Popper，1968)

5.13　本章小结

- 通过抽样调查获得数据是一个复杂的过程，需要考虑资金、是否有合适的抽样框、希望的样本量、具体的方法、数据收集模式以及受访者是否合作。
- 总而言之，上述这些方面会使我们有可能对感兴趣的总体做出普遍性概括。
- 本章介绍了抽样设计和评估的理论与实践方法。

5.14 拓展阅读

Forsberg，O. J. (2020) . Polls and the US presidential election: Real or fake? *Significance*，17 (5)，6 - 7.

Moon，N. (1999) . *Opinion polls: History, theory and practice* (*political analyses*) . Manchester University Press.

截至本书成稿时，美国大选的民意调查显示，拜登领先特朗普 8.5% (UK Guardian Poll Tracker，RealClearPolitics，31 October 2020)。如果你现在希望评估民意调查结果，请参阅福斯伯格的著作 (Forsberg，2020)。有关民意调查的理论和实践，请参阅穆恩的著作 (Moon，1999)。

Fink，A. (1995) . *How to sample in surveys*. Sage.

该书提供了更通用且易于理解的抽样指南。

第 **6** 章

数据收集：调查和问卷设计简介

本章概要

- 什么是调查？
- 数据资料收集的方法
- 调查中测量的类型
- 问卷设计概述
- 问题的提问方式
- 问题的设计和调查的设计
- 问题的类型
- 语义差异量表
- 李克特量表
- 糟糕的问题表述
- 信度和效度
- 走下抽象的阶梯
- 结论
- 本章小结
- 拓展阅读

6.1 什么是调查？

调查可能是科学研究中最受诟病的研究工具。每个人都认为他们可以进行调查；调查也经常被公众视为营销骗局，而且往往做得很糟糕。我们周围有很多糟糕的调查。即使在许多定量研究人员中，调查的设计和实施也被排在分析之后。每个人似乎都想要"反馈"，并且我们也受到了问卷的轰炸。因此，近年来，对政府/学术调查和政治民意调查做出回应的人数有所下降，也就不足为奇了。但精心设计的调查可以提供出色的描述性和解释性数据。有时，由于研究者仅渴望进行严格的统计分析，良好的调查和问卷设计的重要性被忽视。然而，无论我们的统计分析多么复杂，它的好坏都取决于数据的收集过程。我们可以将调查狭隘地视为收集有关属性、态度、行为和观念的数据的过程，但调查的技术和可以收集的数据类型要广泛得多。

本系列工具书中的很多卷目都将引用一些大规模的调查数据或官方统计数据。这些数据库可能包含数千甚至数十万人的数据，它们似乎与市场研究人员在购物中心进行的简陋的调查相去甚远。然而，就像约克夏犬和大丹犬一样，不同的调查有许多共同的特征（有时是共同的缺点）。以一个国家（可以是美国、英国、法国、新西兰等国家）最大的官方数据库——人口普查为例。人口普查之所以被如此称呼，是因为它涵盖了一个国家的全部人口，而不是因为它使用的方法。人口普查（在那些有人口普查的国家）通过调查的方式收集各种人口特征的数据！事实上，那些源自人口普查的信息通常被其他调查视为"黄金标准"，因为人口普查数据收集的质量是通过许多质量控制程序得到保证的（Dorling，2007）。[①]

① 例如：www.ons.gov.uk/census/2011census/howourcensusworks/howwetookthe2011census/howweprocessedtheinformation/dataqualityassurance

但政府收集的"官方统计数据"——出生、死亡、就业/失业率、GDP（国内生产总值）等——又如何呢？事实上，这些数据不是通过调查获得的，而是在社会运行过程中和工作程序中产生的，并且具有不同的信度和效度（后文将进行解释）。例如，犯罪的统计数据通常由警察收集，他们必须自己来判断某件事是否属于犯罪或属于什么类型的犯罪。

在调查设计和数据收集方面，一些较好的调查实践来自非常大规模的调查，例如面板数据调查或大型横截面数据调查（详见第 4 章）。这些调查的质量取决于可用于收集、编码和分析数据的资源，而进行小规模调查的研究人员无法获得这些资源。 *81*

现在，你可能计划设计自己的调查，也可能打算利用其他大规模数据库或官方数据进行二次分析。接下来，你可能会认为在调查中收集的数据与你希望研究的内容并不完全相关。确实如此，因为你的分析最初是从一系列问题和测量中衍生出来的，可能和数据所提供的内容不完全一致。举个例子，如果你对宗教信仰感兴趣，并且正在使用二手数据进行研究，那么最好明确地知道宗教信仰是通过什么问题测量的以及问题的提问方式。例如，调查中是否询问了参加礼拜的情况？或者是否询问了信仰的是一个神还是多个神？这是两个截然不同的概念。如果问题以一组类别的形式呈现，例如，仅通过年龄段的形式询问年龄，那么你可能会丢失信息，因为你无法获得有关年龄的准确信息。

6.2 数据资料收集的方法

采取何种数据资料收集的方法取决于很多因素，但最重要的两个分别是：研究资源（详见第 4 章）和你想要收集的数据类型。数据资料收集的方法主要分为两种——受访者自行完成和通过调查员询问收集数据；也可能是混合形式，例如使用视频进行调查；还有一种新的调查方式（在技术上属于第二种）是使用虚拟人物作为调查员进行访谈（http：//

home. isr. umich. edu/sampler/testing-tomorrows-surveys-today-avatars-as-interviewers）。

现在，我们来介绍数据资料收集的方法及其发展。

当面访问法

这可能是最传统和最知名的调查方式。一个典型的形象是拿着笔记本的市场研究人员。但当面访问的具体形式可以有很多种，有些非常复杂。

82

当面访问的地点会有所不同，可能在公共场所、受访者家中或工作场所进行，并且越来越多的人开始使用视频方法，通常是通过 Skype 或 Zoom。街道等公共场所只适合进行很短的调查，因为受访者刚刚被招募过来，大多数人正在忙自己的事情，没有时间参加长时间的调查。

一些重要的调查，例如英国的一项面板数据调查"理解社会"（www. understand ingsociety. ac. uk），经常在受访者家中进行当面访问（该调查也采用在线自填的方法）。这些调查可能持续 2 小时或更长时间，并且可能会调查多名家庭成员。因此，在这些调查中，调查员可以通过深入提示或探究受访者生活的特定方面来帮助受访者提供充分的回应，并产生非常丰富的数据（Sykes & Collins，1992）。

另一些调查是在公共场所进行的非常简短的调查，只提出了很少的问题。英国国际旅客调查就是一个例子，该调查每年进行 600 000～700 000 次简短调查（www. ons. gov. uk/peoplepopulationandcommunity/leisureand-tourism/methodologies/internationalpassengersurveymethodology）。

在当面访问中也可以进行探索式调查。调查员可以尝试从受访者那里得到更详细的答案，也可以使用开放式问题，并用受访者自己的话逐字记录回答。开放式问题可用于自填式调查，但它们依赖于受访者自己写出答案。

更大规模的调查往往使用计算机辅助个人访谈（computer-assisted personal interview，CAPI），纸质问卷几乎变得多余。调查员使用笔记本电脑，并安装"定制"调查软件。根据受访者给出的答案，软件会跳转至不同问题。这在纸质问卷中已经使用了很长时间，但在 CAPI 中，调查员出错的可能性较小，而且可以使用更加复杂的跳答逻辑。

那么，当面访问法有哪些优点和缺点呢？

----**知识卡片 6.1　当面访问法的优缺点**----

优点

● 问题可以比较复杂。

● 根据具体情况，当面访问可能会比自填式问卷提出更多问题。

● 可以使用开放式问题、进行探究和提示。

● 调查员可以控制由谁来回答。

● 调查员可以与受访者建立关系，以便探讨复杂或敏感的问题。这在面板调查研究中也很有用，因为研究人员和受访者之间长期保持良好的关系非常重要。

● 可以使用视觉辅助工具，例如卡片、图像或视频。

● 可以在同一时间和地点进行多个家庭或小组的调查。

缺点

● 访问的技巧。当面访问法是一项需要技巧的任务，糟糕的访问可能会导致偏差。

● 时间限制。当面访问法在时间和调查员（通常必须付费）的使用方面都是资源密集型的。

● 调查员效应。调查员可能会对受访者产生"影响"。年龄、性别、种族、口音、态度或外表都会影响受访者回答问题的方式。

● 匿名。在自填式调查中，可以实现受访者匿名。在当面访问中，虽然数据可能是匿名的，但调查员直接询问受访者的情况，这可能会导致受访者隐瞒敏感信息。

● 社会期望。受访者会热衷于取悦调查员并尝试给出他或她认为正确或理想的答案。

83

电话调查法

电话调查也已经存在很长时间了，但随着移动电话的出现，其特征以及调查和抽样问题都发生了变化。传统的电话调查使用电话簿等"列表"，并通过家庭电话进行，调查员使用纸笔问卷进行记录。当时的一个主要问题是相当大一部分人没有电话。1994 年，罗杰·托马斯（Roger Thomas）和苏珊·珀登（Susan Purdon）撰写的指南（Thomas & Purdon，1994）描述了这种电话调查法。但从那时起，调查技术就发生了迅速的变化。尽管如此，但电话调查法仍然具有它无法被取代的特点以及优点。如果想从历史视角来看有关调查研究方法的演变，请参阅格罗夫斯的著作（Groves，2011）。

在电话调查中可以使用当面访问的许多技巧，但这种接触完全是听觉的。而视频访谈可能处于当面访问和自填式调查之间的某种中间地带。人们普遍认为，电话调查必须比当面访问短，使用移动电话进行调查时更是如此。

84　　通过电话调查可以更快速地联系受访者，并且无须出差，从而减少占用研究资源。此外，当面访问通常需要某种形式的抽样聚类（详见第 5 章和本系列工具书的第 4 卷），用以防止地域上过于分散（从而减少调查员的奔波），但电话调查则不需要。

如今，电话调查采用了更复杂的技术，例如用于样本选择的随机数字拨号（尽管这已经存在了一段时间），以及计算机辅助电话调查（computer-assisted telephone interview，CATI），其用途与 CAPI 有点相似。然而，电话调查面临的挑战是，固定电话的接入比以前更不具有代表性。在西方国家，现在拥有固定电话的人比几十年前更少。这些人不一定是老年人或买不起电话的穷人，还包括许多年轻人，而且通常是相对富裕的人。因为，移动电话正在成为更常用的媒介。通过移动电话进行电话调查带来了一些技术和道德问题。第一个因素涉及信号强度、受访者所在位置的适宜性（是否有噪音、干扰等）以及受访者可以给予调查员的时间长度（通常被认为比传统电话采访要少）。第二个因素主要关乎受访者的安全——

受访者可能正在开车，或者在其他可能存在危险的环境中。或者，由于漫游费等原因，接听者可能会产生费用。在某种程度上，这些问题可以通过预先用短信或其他电子通信方式进行提前通知来克服。

如果这些问题能够得到解决，那么在调查中使用移动电话确实有机会调查到数百万的受访者，特别是在发展中国家，移动电话比固定电话更为普遍。此外，通过与社交媒体数据相关联的手机号码进行抽样调查，被认为是将个人信息与来自推特等的匿名大规模数据连接起来的有用方法。

最后，在过去的几年里，电话调查的最大敌人是无处不在的电话销售——电话销售通常伪装成"电话调查"。如今这对于移动电话来说已不是什么问题。

知识卡片 6.2　电话调查法的优缺点

优点

● 与受访者的联系速度更快，占用的资源更少，并且调查员无须出差。

● 较大的样本消除了地理聚类的需要。

85

● 移动电话的使用可能会涉及新的总体。

● 因为电话调查仅是听觉的，所以调查员的影响可能会较小。

缺点

● 与受访者建立联系并获得调查机会可能具有挑战性，特别是在电话销售不断发展的情况下。

● 家里有固定电话的人越来越少，这带来了抽样问题。

● 移动电话调查存在技术和道德问题。

● 问题必须简单，不能使用视觉工具。

● 如果没有面对面的接触，那么很难建立融洽的关系。

● 问题的选项类别必须较少，因为不能指望受访者记住复杂或带有多种可能的选项。

自填式调查

自填式调查是最常见的数据资料收集的方法。然而，就像电话调查一样，自填式调查在过去十年左右的时间里也发生了巨大的变化，如纸质调查问卷的使用越来越少，越来越多的自填式调查转移到互联网上。但是纸质调查问卷不会完全消失，因为纸质调查问卷对于在公共场所进行的简短、简单调查仍然适用。例如，一些国家的火车运营商在火车上或火车站会针对乘客使用纸质调查问卷。

在讨论使用不同介质自填式问卷的一些细节之前，我们将简要说明自填式调查的一些共同特征。使用自填式调查的主要原因是考虑规模和速度。无论拥有多少其他的研究资源，对于进行当面访问而言，时间总是一种有限的资源。自填式调查可以通过电子邮件、面对面（如上述乘客调查）或邮寄方式快速联系大量人员。然而，一方面，由于受访者必须自己完成调查，因此问题必须相对简单，而且与当面访问和电话调查相比，自填式调查中的开放式问题可能无法获得足够丰富的数据。另一方面，由于受访者可以看到问题或其他视觉辅助工具，因此问卷的设计可以比电话调查复杂一些。

此外，在自填式调查中可以提出敏感的问题，因为受访者不会与调查员形成互动，也没有访员效应。正如安妮·鲍林（Bowling，2005：287）所说：

86
> 与当面访问或电话调查相比，自填式调查可以提高受访者披露敏感信息的意愿。据报道，邮寄调查具有较高的匿名性，受到社会环境的影响较弱，因此问题的填答率较高，并且对健康和行为等敏感话题的填答更加准确。

自填式调查存在的最大的问题是无回答或项目无回答（后者是指受访者没有回答特定问题）。邮寄、电子邮件和网络调查的回复率通常低于20%，而且无回答的情况一直在增加（Groves，2006）。这种情况在25岁以下群体和社会经济地位较低的群体中尤其普遍。项目无回答（详见第7

章）可以通过不同形式的插补在一定程度上克服，即用问卷中在其他地方收集的数据来插补缺失的答案。在过去的 20 年中，处理项目无回答的技术开发和实践有了巨大的发展。对于该主题在本系列中没有专门的卷目进行讨论，感兴趣的读者可以查阅杜兰特的著作（Durrant，2005）来了解各种方法。在某些网络调查中，如果受访者不回答前一个问题，则不允许他们继续下一个问题。这种策略有其危险性，我们不提倡，因为此时受访者很可能会放弃调查，项目无回答就变成了受访者不回答！读写能力也可能是一个问题，并且无法控制谁来完成调查问卷。无论采用何种具体形式，自填式调查的一个普遍要求是：自填式问卷必须简短，并且必须对问卷中问题的顺序和问题答案选项的顺序加以思考。我们将在下面讲解这一点。

纸质调查问卷的灵活性远不如电子调查问卷。根据先前的问题进行跳转，必须非常简单。利用纸质调查问卷收集的数据必须手动输入电子数据库或统计软件。收到纸质调查问卷的受访者可以查看整个调查问卷，这可能会决定他们是否完成调查问卷以及如何完成。

电子调查问卷有多种不同类型。它们可以通过嵌入 URL、附加到电子邮件中或使用脸书等平台来访问。电子调查问卷越来越多地被开发用于智能手机。电子问卷最大的问题是抽样（详见第 5 章）。简而言之，虽然电子调查问卷向大量人提出填写调查问卷的请求（例如通过脸书），但受访者可以自由选择是否填答，这会带来选择性偏差并产生有偏差的样本。对于受访者是否填答问题可以在某种程度上通过在问卷设计中使用心理测量学的相关理论来解决，但这种技能超出了大多数研究人员的能力。对于选择性偏差问题，可以在一定程度上通过配额抽样和对代表性不足的群体进行"加权"来解决。

然而，在线调查（也称网络或互联网调查）具有巨大且不断增长的优势（Tourangeau et al.，2013），并且有简单而有效的应用程序，如谷歌表单（Google Forms）[①]、调查猴（SurveyMonkey）[②] 或 Qualtrics[③]，前两 *87*

[①]　谷歌表单：www. google. co. uk/forms/about

[②]　调查猴：www. surveymonkey. co. uk

[③]　Qualtrics：www. qualtrics. com（美国的一家公司开发的专业在线调查软件。——译者注）

个可以免费使用，而第三个的应用更加普遍，但是在大多数情况下需要付费。在 Qualtrics 中，可以对问题进行排序并为特定受访者定制，与 CAPI 或 CATI 的方式非常相似，可以嵌入视觉或音频文件，还可以获取元数据，例如整份问卷的完成时间或某个问题的完成时间。数据可以自动导入数据库或分析软件，从而可以持续生成频率等统计量。Qualtrics 最吸引人的方面在于能够快速地覆盖大量人群。但是，假设不希望受访者进行自由选择，由于保密问题，抽样框（例如在大学、公司或政府内部）的获得也会很困难。在一些大规模的民众调查中，抽样框更难找到。传统的抽样框，例如选民列表、邮政编码等，无法链接到电子地址。

知识卡片 6.3 自填式调查的优缺点

优点

- 相对较快地接触到大量受访者，因此样本量较大。

- 占用的研究资源相对较少。

- 最新研发的软件允许相对复杂的调查问卷，并且可以实现让受访者看起来并不复杂。

- 在线调查问卷可以轻松嵌入音频或视频内容。

- 没有地理限制，因此不需要聚类。

- 允许提出敏感问题。

- 可以在移动设备上访问。

- 无访员效应。

缺点

- 更有可能出现无回答或项目无回答的情况。

- 难以开展探索性调查以及通过开放式问题获取信息。

- 在线调查存在特定的抽样问题。

- 纸质调查问卷必须非常简单。

- 研究人员无法控制谁来完成调查。

- 无法为那些识字能力差的人提供回答机会的问题。

接下来，我们将关注问卷设计问题。

6.3　调查中测量的类型

在开始调查问卷设计的相关内容之前，我们必须考虑我们要测量的是什么，这将影响所使用的问题类型及其产生的结果。因此，在问卷的问题编写过程中，我们需要考虑随之而来的测量类型。我们所说的测量类型通常被称为"测量水平"，为了表述更加简洁，我们使用类型一词进行表述。测量类型是指特定的问题会有不同的答案选项类型，并且需要以完全不同的方式进行分析。一项调查中的测量类型将对可使用的统计模型设置产生限制（请参阅本系列工具书的其他卷目，特别是第 3 卷和第 8 卷）。因此，这些测量类型背后存在着不同的数学和逻辑关系；提出问题的方式以及可用答案的类型将对后续分析产生重要影响。

测量类型通常也被称为测量水平，因为它们从数学上最简单的名义测量水平上升到数学上更复杂的比率或度量型测量水平。主要的测量类型如下。

名义（nominal）测量：有时也被称为定类测量，因为它只是衡量类别，没有任何排序。例如，种族可以通过几个类别加上一个"其他"类别来测量，但成为某一个种族群体的成员并不意味着与另一个种族群体有任何数学上的差异，而只是分属不同的类别。

定序（ordinal）测量：定序测量中存在等级排序，但等级之间的差异不必相等。例如，我们希望通过受访者所获得的学位来测量受教育水平，但不能认为，硕士学位的价值是学士学位的价值的两倍。

定距（interval）测量：定距测量通常用于测量物理世界的特征，例如以摄氏度或华氏度测量的温度。定距测量的特点是没有真正的零值，但刻度上的点必须是等距的，即"定距"。测量值（例如温度）

是任意的。定距测量在社会科学中相对不常见。

定比（ratio/metric）测量：定比是从真正的零值开始的比例，但其中相邻值之间的距离相同。例如，收入可以从零美元或零欧元开始，然后上升到你想要衡量的任何值。定比量表上的分数可以相乘和相除，而定距量表上的分数只能相加和相减。

6.4 问卷设计概述

在考虑调查问题之前，你必须问自己一些问题。首先，你在调查谁？也就是说，你的目标人群是什么？这会对你提出的问题和提出问题的方式产生影响。例如，如果你准备探索青年问题，则需要向年轻人提出不同的问题，而不是询问老年人对年轻人的看法。至关重要的是，数据资料收集的方式是什么？是当面访问、电话调查，还是自填在线或纸质问卷？

如今，大多数调查问卷都使用某种形式的模板，无论是在线使用还是作为当面访问使用。在在线调查的情况下，调查猴既是一个可以为你提供帮助的优秀网站，也可以为你提供许多调查问卷模板（www.surveymonkey.com/mp/how-to-create-surveys）。问卷的设计必须易于使用并避免调查员出错。如果是通过 CAPI 或 CATI 完成的，那么界面应该相对友好以便于调查员操作。同样，纸质调查问卷不应该很烦琐，并且一些跳答逻辑应该让调查员能够清晰地理解。

所有类型的自填式问卷也有一些通用规则。如问题的措辞应简单明了，问题不应让受访者感到厌烦。特别是，你不应该提出敏感或困难的问题。此外，应避免重复的提问方式，尤其应避免让受访者必须填写的"空格"①。受访者不应只是走过场，或回答他们认为的"正确答案"（或称为"满意答案"；详见 Krosnick et al.，1996）。有关改变数据收集的具体方式

---

① 指填空题。——译者注

对调查产生的影响，以及对自填式调查和当面访问产生的不同作用的内容，详见坎内尔和福勒的著作（Cannell & Fowler, 1963）。

6.5　问题的提问方式

你问什么以及如何问取决于上下文。调查，无论是自填式调查还是当面访问或电话调查，都是一种社会行为，不仅需要研究者的专业技能，还需要大量隐性文化知识。研究人员需要对一些因素保持敏感，例如年龄或残疾，这些是不适合使用自填式问卷（或任何与此相关的问卷）的情况。即使对于那些非常有能力参与调查的人来说，确保他们拥有足够的知识来回答问题也很重要。一项好的调查将提出符合目标人群回答能力的问题，并提出受访者想要回答的问题。某些类型的问题会带来你不想要的特定回答，或者无回答，甚至你可能会让受访者感到厌烦！

调查问卷不仅仅是问题的集合！也包含对受访者或调查的说明以及"过滤器"，即问题的跳转逻辑。在 CAPI 和 CATI 中，尽管在调查时需要读出内容或要使用视觉辅助工具，例如展示卡，但这都是由软件执行的。在网络调查中，可能会有嵌入材料，例如视频或小插曲。所有类型的调查可能都非常"封闭"，即提供有限数量的答案选项，或者可能鼓励受访者在"开放"问题中用自己的话进行答复。同样，在网络调查问卷中，受访者可以操纵屏幕上的文字或图标来进行排序。

大多数调查问卷会包含不同类型的问题。可能是关于属性的事实问题，例如：

您的房子或公寓有多少间卧室？

可能是与态度有关的问题，例如：

您认为废气排放量高的汽车应该缴纳更高的税吗？

可能是与信仰有关的问题，例如：

> 您相信 UFO（不明飞行物）的存在吗？

也可能是与行为有关的问题，例如：

> 过去 5 年内您访问过以下哪些国家？

信仰和态度并不总是那么容易分开。例如，可以使用信仰语言来描述政治态度，比如"对社会主义的信仰"，而态度量表通常衡量一个人相信某事的程度。因此，在认知和观点问题上可以互换使用这种语言。在任何一种情况下，我们都可以对特定事物持有强烈程度不同的看法（Oppenheim，1992，p. 176）。关于政治的观点往往会比关于一种食物优于另一种食物的观点更强烈，并且根据确定性程度，认知类问题可能会转化为属性类问题。例如下面这个问题：

> 您认为找医生看诊的平均等待时间是多少？

医生可能知道这一问题的答案，但公众可以依靠一些实际认知或简单的猜测来回答。对于大多数人来说，会是通过自己的认知和猜测来回答。

91　　许多通过陈述提出的有关信仰和态度的问题，会要求受访者表达同意／不同意（我们将在下文详细讲解）。

在考虑调查问卷的内容时，需要记住的是，对于那些其他人以前已经使用过，并通常经过充分测试的问题，可以在各种情况下使用。研究人员可以从其他人设计的问题中受益，而且对某些问题的标准化设计也使在不同研究之间进行比较成为可能。在过去几年中，已经建立了许多问题库，其中包含经过充分测试的来自大型调查的问题。例如，英国数据服务中心有一个可以搜索的问题和变量库（https：//discover. ukdataservice. ac. uk/variables）。在调查问卷设计中，另一个相关的发展是认识到协调不同数据的重要性，以便在重复调查中对常规问题进行标准化（详见队列和纵向研究资源 www. closer. ac. uk）。

大多数调查还将包含"面孔信息"（face sheet information）——有时被称为"分类"或"个人"数据（Oppenheim，1992，p. 109），在美国被称为"人口统计数据"。这是有关受访者属性的背景信息，可以在整个调查中以及不同调查之间对从研究问题中操作化而来的变量进行比较。面孔变量通常包括性别、年龄、种族和社会阶层。在西方社会，这些是关键的变量，通常可以解释态度和属性的重要差异。对于面孔信息应被安排在何处存在不同的看法。如果放在调查问卷的前部，那么一系列此类问题可能看起来与受访者无关或具有干扰性，所以在大多数情况下最好将它们放在调查问卷的末尾。但是，如果你在当面访问中使用配额抽样（详见第 5 章），那么调查员需要至少询问其中一些问题，以确定受访者是否"在样本范围内"。

6.6　问题的设计和调查的设计

问题和调查的设计方式在很大程度上取决于它们是自填式问卷（包括在线和纸质）还是调查员访问（当面访问或电话调查）。然而，有一些通用原则。我们将介绍一些一般原则（因为在像这样的介绍性书籍中，篇幅是有限的）。

在表述我们的问题时，我们正在寻求问题和回答之间以及和受访者之间的"刺激等价性"（Oppenheim，1992，p. 121）。也就是说，当我们问受访者 A 一个问题时，他/她理解我们的问题。同样，受访者 B、C、D 等也理解我们的问题。然而，除了少数例外，没有必要直接地在提问和回答之间建立对应关系。在日常对话中，我们有机会通过追问问题或陈述来澄清问题的含义并纠正误解。但在问卷中，我们无法实现日常对话中的上述情形，对可靠性的需要（我们将在下文讨论）要求我们以相同的方式向每个受访者提出相同的问题，通常不允许解释或澄清。此外，即便有人回答了你的问题，这也并不意味着他们的理解方式与其他人相同，或者不同人给出的相同的答案可能并不意味着同样的事情。

6.7 问题的类型

正如我们上面所说，问题大致可以分为询问事实、行为、态度和信仰的问题。一个好的策略是"粗略"看看哪些问题属于这些类别，然后考虑提出这些问题的最佳方式。

定类问题

最常见和最简单的问题是定类问题。它们可能以"是"或"否"为答案，或者只有受访者必须选择一个类别的答案。这些对应于上述测量类型的名义测量。例如，我们可能会问学生一个如表6-1所示的问题。

表6-1   定类问题

以下哪一项最能描述您居住的地方？	
住宅	☐
公寓	☐
学校宿舍	☐
其他（请说明）	☐

有一些问题可能是定类问题，但受访者可以选择多个类别。例如表6-2：

93   **表6-2**   定类问题——不止一个类别（多选）

您在过去一周吃过以下哪种蔬菜（新鲜或冷冻）？请选择您吃过的所有食物。	
豌豆	☐
胡萝卜	☐
卷心菜	☐
花菜	☐
青豆	☐
甜玉米	☐
瑞典甘蓝/芜菁	☐

虽然每个选项都是事实问题，但相同的格式可用于行为、态度或信仰。在表 6-2 的例子中，我们可能会问："以下哪种蔬菜是您从不吃的？请提供一份清单。"

定序问题

我们经常希望受访者按照某种顺序（也许是偏好顺序）来排列事物。这些回答属于类别，尽管我们没有量化类别之间的差异，但它们是有序的，这些对应的是定序测量。如表 6-3 所示，我们希望受访者估计澳大利亚队赢得灰烬杯板球赛的可能性。对于这个问题，我们不能认为回答"非常高"的受访者认为澳大利亚队赢得灰烬杯的可能性是回答"非常低"的受访者的五倍。但即使如此，我们仍需要知道受访者提供的对胜利概率的个人估计，并且存在一个排名，该排名对应于测量的序数级别。

表 6-3　　　　　　　　　　　　　　定序问题

您认为澳大利亚队在今年灰烬杯中获胜的可能性有多大?	
非常高	☐
高	☐
一般	☐
低	☐
非常低	☐
不确定	☐

6.8　语义差异量表

态度量表是使用一系列问题来衡量态度和信仰的强度。量表有很多种，这里我们只介绍两种最常见的量表。

首先，我们介绍的是语义差异量表，即在某个特定问题上用两个极端的词或短语进行描述，受访者被要求在两者之间进行定位来表明自己的态度。有些内容，例如收入、身高、距离等，易于测量。但其他内容则不然，尤其是与态度或信仰有关的事情。测量它们需要一点帮助，而语义差异量表提供了这样的帮助。

例如，对表6-3中的问题，可以进行这样的转化：

> 我想问一下您对澳大利亚队今年赢得灰烬杯的机会有何看法。按照1到10的评分标准，其中10是他们今年获胜的可能性很大，1是不太可能，您认为可能性是多少？

这里的测量语言更加明确，并且允许我们将答案视为具有与（例如）距离或高度相同的数学属性。对同一个问题也可以用对立面来探索多个维度，如表6-4所示。（注意：在这个特定的例子中，可能还需要更多的维度。）

表6-4　　　　　　　　　　语义差异量表

您对研究方法模块如何评价？		
容易	1 2 3 4 5 6 7 8 9	困难
仔细的	1 2 3 4 5 6 7 8 9	粗略的
统计数据太多	1 2 3 4 5 6 7 8 9	统计数据不足
民族志研究太多	1 2 3 4 5 6 7 8 9	民族志研究不足

关于我们正在测量的内容还需要注意，当我们测量A和B之间的距离时，除非我们弄错了，否则我们每个人都会独立地得出相同的答案。但是如果我们要求Jane和Joe评估他们在工作中晋升的机会，他们的回答可能都是6，但是相对于他们的"真实"机会，Jane可能是悲观主义者，而Joe是乐观主义者。我们现在转向第二种常用的量表：李克特量表。

6.9　李克特量表

如果采用单个问题来询问一些事实或事物，只要受访者理解问题并有信息来回答它，那么这些问题通常是相当可靠的。但关于态度、信仰和行为的单个问题往往可靠性欠佳。如果问得恰当的话，那么这些问题并没有什么问题，但大多数测量态度、信仰和行为的调查会使用某种测量来提出一系列问题。这就是李克特量表，可以用于测量态度、信仰和行为等，一般由 6 到 30 个题目组成，但 30 个题目肯定会挑战大多数受访者的耐心！

正如奥本海姆（Oppenheim，1992，p.187）警告我们的那样，对于这些公开的测量工具，我们不应该对它们抱有太多期望，也就是说，它们可能只是接近受访者的观点。近年来，"测量"已经变得相当复杂，但考虑到本书属于介绍性书籍，应该注意奥本海姆对李克特量表局限性的警告。

李克特量表使用矩阵同时提出许多关于态度的问题。这样做的一个优点是，在分析中，可以为受访者分配一个总"分数"，以表示其对特定态度的坚持程度。该量表通常包含要求受访者在从同意到不同意中做出选择的许多陈述。这些陈述应该衡量同一主题的不同维度。

表 6-5 是李克特量表的一个简单的示例——在本例中来自当面访问，但李克特量表通常以自填式调查的形式使用。

表 6-5　　　　　　　　　　　　李克特量表

接下来我会读出人们对他们目前的工作所说的一些话。请您说出您是非常同意、同意、不同意还是非常不同意。

	非常同意	同意	不同意	非常不同意
我感觉自己受到雇主的重视	☐	☐	☐	☐
我的职业前景很好	☐	☐	☐	☐
我一直处于压力之下	☐	☐	☐	☐
我看不到这份工作的未来	☐	☐	☐	☐
我有机会发挥我的技能	☐	☐	☐	☐
我的雇主不听取员工的意见	☐	☐	☐	☐
我的工作与生活平衡良好	☐	☐	☐	☐

请注意，这些陈述可以是正面的，也可以是反面的，并且正面和反面陈述通常是混合在一起的。这样做的缺点是，在自填式问卷中，大量的正

面和反面陈述混杂在一起，受访者可能会无意中将正面视为反面，反之亦然。然而，这样做的优点可能大于缺点，不仅在节省空间方面，而且在有效性检查方面也很有帮助。在大量问题中，同一测量的正向和反向表达可能会散布在众多题目之中。例如，如果受访者对于表 6-5 中的第一个和第六个陈述都表示非常同意，我们就有理由担心该测量的有效性。

96 然而，这种矛盾并不罕见，可能是由排版布局、措辞或受访者知识水平等问题造成的（详见 Oppenheim，1992，p. 147）。仅出于这个原因，对调查问卷和其中各项目进行预测试就很重要。

请注意，在表 6-5 中，受访者被问及同意/不同意的程度，但这可能有所不同。如果对问题的陈述稍做改写，我们可以提出以下问题：

> 您对工作的以下方面的满意度如何？非常满意，满意，既不是满意也不是不满意。

在这个例子中，只有几个尺度表示满意/不满意程度，但应该尽可能包含更多尺度，或者使用多个尺度（详见 Linacre，2002）。

最后，对"中立"的中间类别的处理是一个相当棘手的问题。有时，如上面的例子，"既不是满意也不是不满意"这一类别本身就是一个有用的类别，因为它通常可以起到防止受访者退出调查的作用。

6.10　糟糕的问题表述

我们在本章开始时指出现在有很多低质量的调查。这些调查的质量低可能出于多种原因，例如抽样不合理、回答率低以及问题措辞或结构不佳。这不仅仅存在于业余的调查之中。例如，2017 年版的英国铁路乘客调查要求乘客说明，在旅途中，他们已经完成的行程晚点了多少分钟！

问题措辞是一门艺术，尽管其质量是通过严格的预测试后变得科学的。不过应该补充的是，在一种情况下构成不好的问题的措辞形式可能在另一种情况下效果很好。以下内容不一定正确，但应被视为正确提出问题的指南。了解什么是正确的一个好方法是考虑什么可能会出错。

模棱两可

这一问题可能有不同的形式。一个常见的错误是在同一问题中问两个或多个问题，这就是所谓的"双重问题"。例如：

您对自己的工作和薪酬满意吗？是/否

这个问题是想问受访者对自己的工作或薪酬是否满意，还是想问对两者是否都满意？

否定式提问是歧义的另一个来源。例如：

您不同意不审查您的工资吗？同意/不同意

问无关的问题

97

下面是一个让人们回答无关的问题的例子，比如问一个失业的人：

您赚多少钱？

参照不明确

与时间或某物的数量有关的参照也可能是不明确的。例如：

您从事这项工作已经很长时间了吗？是/否

或者：

您赚多少钱？

需要必要的知识

调查通常涉及相当专业的主题，但受访者可能不具备直接回答问题所需的知识。例如：

您是否同意政府提高国民生产力的长期计划？

对这一问题的回答将取决于此人是否了解生产力的含义,以及政府的具体含义及其计划是什么。如果你是一名经济学家,那么这可能是一个合理的话题,但即便如此,这个问题也需要分解为具体内容。

这些都是糟糕问题的简短示例,可以通过试调查和问卷预测试等办法来避免或修改这些糟糕的问题。也许如上文所述,最好的办法是使用问题库或高质量的调查中的问题,并进行严格的试调查和预测试。如果你正在开展二次分析,请务必查看原始调查问卷,了解问题是如何提出的以及是在调查问卷中的哪个位置提出的。

6.11 信度和效度

一份经过精心设计的问卷,可以最大限度地提高信度和效度。信度是指"工具"即调查问卷中的问题的可靠性,可靠性差会导致调查产生更多
98 随机误差 (Litwin,1995)。效度是指测量的有效性,而有效性差也会导致测量误差。

信度可以被概括为测量、测试或观察从某一次使用到下一次使用的一致性或稳定性。当对同一事物的重复测量给出高度相似的结果时,该测量工具被认为是可靠的。例如,如果你的手表或时钟时快时慢,或者你浴室的体重秤每次使用时给出的读数完全不同,那么它们就不可靠。

但是,当重复进行调查时,不同人之间或同一个人在不同时间的回答有所不同是不同情境带来的结果,与调查、问卷中的问题、量表等无关。

大多数全国性调查都会检查答复的一致性(请参阅上文英国国家统计局的链接)。可以在时间 t_1 向一个人询问一系列有关的问题,并在时间 t_2 重复此操作来完成(详见 de Vaus,2014,p. 54),或根据某种已有的指标来比较受访者的答案。

例如,英国人口普查中询问家庭自用房间数量的问题(详见 https://blog. ons. gov. uk/2017/06/28/an-alternative-approach-to-estima ting-number-of-rooms-and-bedrooms/）。

尽管调查中提供了关于什么算作"房间"的解释说明，但受访者的答案仍旧很容易被错误分类。这项调查为了保证测量的效度采取的办法是，调查员返回家庭样本，提出一系列有关住宿的详细问题，并将这些问题的答案与家庭的原始人口普查数据进行核对。

不可靠是如何产生的？在前面的示例中，它是由于受访者对房间进行不同分类而引起的。因此，关键在于问卷中的问题本身，但应该说这是一个很难把握的事情。不可靠性常常是由于受访者对问题的理解不同或无法回答而引起的（参见上面的例子），但在当面访问中，它也可能是由于调查员的影响而引起的，例如调查员的年龄、性别、着装或种族背景。我们可以通过多种方式提高信度，在当面访问中，可以培训调查员并将其与适当的受访者进行匹配，对数据录入进行一致性检查，等等，但主要办法是对调查问卷及其中的项目进行严格的预测试。

一项调查可以是可靠的，但不一定是有效的。即便可以获得回答的一致性，这种一致性也可能是由于受访者一贯的误解，或者特定的问题或量表可能没有测量出它应该测量的内容。始终快 5 分钟的手表是可靠的，但不是有效的！

调查的效度，即能否测量出其应该测量的内容。效度是一个重要的问题，并且效度有不同的形式（详见 Litwin，1995）。最重要的可能是结构效度。结构效度（construct validity）是指变量准确衡量我们感兴趣的内容的建构程度。例如，对于健康状况可以用不同的方式来测量，但某一特定措施不一定能有效地测量受访者的健康状况。询问受访者的感受是合理的，但这是主观的，假设有两个人，他们虽然有类似的健康问题，但可能会给出不同的答案。此外，我们还可以询问他们的医院就诊情况、一段时间内的医生诊断情况，或者他们是否曾经或正在患有某种特定疾病。但后面的这些问题并不能告诉我们这两个人的感受！

结构效度的一种相关形式被称为准则效度（criterion validity），它作为筛选工具发挥着重要作用。准则效度的应用取决于研究人员认为什么是真实状态。例如，一项研究应用自填式问卷（一般健康问卷）评估受访者

99

的精神状态，并在重新调查期间将该结果与专业精神科医生的评估结果进行了对比（Tarnopolsky et al., 1979）。据报道，该调查问卷对25%的受访者进行了错误分类。

可以说，人们永远不会获得完美的结构效度，但参考已有的研究可以进行改进（详见 Ahmad，1999）。正如马克·利特文（Litwin，1995）所观察到的那样，"结构效度是评估调查工具最有价值但也是最困难的方法……通常只有在多次使用调查工具积累了经验后才能确定结构效度"（p.43）。结构效度与内容效度密切相关，后者指的是调查工具是否捕获了被测量事物的所有重要维度，而不是具体的测量。

6.12 走下抽象的阶梯

我们已经完成了操作化问题，最后让我们来回顾一下。操作化始于抽象的内容，始于我们希望检验的理论；接下来需要将理论转化为研究问题，这些问题要成为可检验的假设，然后成为能够由受访者回答的问题，最后就可以进行调查研究或实验研究了。假设我们选择的是调查研究，它的实施方式是什么，是当面访问还是自填式问卷等等？要测量什么以及如何测量呢？这些内容又如何转化为概念？

100   例如，在一项对贫困儿童学业成绩的研究中，是否"贫困"可以被操作化为是否获得学校提供饮食的资格（Hobbs & Vignoles，2010）。

最后，诸如获得学校提供饮食的资格等概念必须被转化为测量这一概念的问题。整个过程通常被称为"走下抽象的阶梯"。该过程的每个阶段——从理论的概念化一直到通过问题进行测量——都将塑造我们后续分析的数据及其质量。

试调查和预测试

试调查和预测试是同一概念，但前者通常指在现场对整个问卷进行测试，而后者则指对特定的问题的测试。教科书中通常会将这些内容编入"试调查"这一索引（de Vaus，2014；Litwin，2003）。为了行文简洁，我们将使用术语"试调查"。

试调查对于制定一份好的调查问卷至关重要。即使是最有经验的调查研究人员也会在试调查过程中发现错误，或者发现更好的方法来管理调查问卷、提出问题或开发内容。试调查能进行到什么程度，不可避免地受到研究资源的影响。大型全国性调查将严格试调查数月，但小规模调查则必须缩减试调查规模。

大卫·德沃斯（de Vaus，2014，p.99）列出了试调查的三个阶段。

（1）问卷中问题的制定：问卷中的问题可能是你的原创问题，也可能是已在其他调查中使用过的问题。在第二种情况下，它们很可能已经经过测试，但你使用它们的环境发生了改变（可能是不同的调查问卷，可能是不同的人群），因此仍然需要进行测试。这些问题需要在与总体非常相似的人身上进行测试。他们需要被告知他们正在帮助制定问卷，并被要求回答问题。我们也要询问他们对于问卷中的问题的看法，例如他们是如何理解这个问题的；当他们给出答案时，他们是否会有额外的/其他的类别；并且他们是否会以不同的方式改写问题。当深入完成此操作时，可以使用认知访谈技术。这特别适用于市场研究（进一步的说明，请参阅 www.quirks.com/articles/how-cognitive-interviewing-can-improve-your-questionnaire-design）。

（2）问卷的制定与完善：虽然问卷中的个别问题可以通过测试来改进，但当它们被放在同一份调查问卷中时，可能会改变受访者的回答方式，并可能导致项目无回答，所以在本阶段要针对可能属于你的样本的一组人进行试调查。通常，这些人不会被告知他们正在接受试调查。在线调查软件 Qualtrics，可以收集有关问题回答时长或调查问卷本身的数据。来自试调查的数据不应被包含在你的最终样本数据中，因为你肯定会对问卷做出更改。

101

（3）完善试调查：根据第一阶段和第二阶段发现的问题更改最终问卷。在非常大规模的调查中，可能还要对最终问卷进行进一步的测试。

6.13 结论

尽管本系列工具书中的许多卷目都涉及分析，但鉴于调查设计和问卷设计的质量是分析质量的先决条件，本章旨在提供一些关于如何设计调查、如何设计问卷以及如何在不同的数据资料收集方式中做出的选择的基本指引。同样，如果你使用二手数据进行分析，那么你还应该回顾其调查设计和实施过程是如何完成的。此外，你应该审查抽样设计和质量，这些内容在本书第 5 章和本系列工具书第 4 卷中进行了讨论。我们要强调的是，我们并未尝试在此提供全面的调查设计指南，我们强烈建议你阅读 Sage 出版的调查研究系列工具书（*The Survey Kit*）（https：//uk. sagepub. com/en-gb/eur/the-survey-kit/book225666）或相关的经典论著如奥本海姆的著作（Oppenheim，1992）。

6.14 本章小结

• 你对定量数据的分析效果取决于所收集的数据。大多数定量数据来自调查，本章是对调查的简单介绍，解释了调查是什么、数据收集的方式、问卷设计中的一些关键问题，并且举了糟糕的问题的例子！
• 本章还介绍了一些量表以及信度和效度等重要问题。

6.15 拓展阅读

我们并未尝试在此提供全面的调查设计指南，我们强烈建议你阅读

Sage 出版的调查研究系列工具书或相关的经典论著，如下所示：

Oppenheim，A.（1992）. *Questionnaire design，interviewing and attitude measurement*. Pinter.

奥本海姆在书中给出的问卷和量表设计原则是永恒的经典。

Czaja，R.，Blair，J.，& Blair，E.（2013）. *Designing surveys：A guide to decision and process*（3rd ed.）. Sage.　102

查娅等人的书将问卷和量表设计的原则融入了新形式的数据收集方法当中，特别是在线调查中。

第**7**章

二次分析与数据管理

本章概要

- 概述

- 纵向数据

- 研究示例

- 结论

- 本章小结

- 致谢

- 拓展阅读

7.1　概述

越来越多的研究人员开始利用现有的数据进行二次分析——有时也被称为档案数据分析。二次分析可以是定量的分析，也可以是定性的分析；既可以针对任何（定量）数据进行进一步分析，也可以针对那些包含数千个案、数百个案或更少个案的资料库进行分析。在英国，埃塞克斯大学近几十年来一直在归档大量的数据资源，涉及社会研究的各个领域，有些非常出色，有些则不太好。研究人员可以随时在英国数据档案馆（http：//data-archive. ac. uk）对这些数据进行二次分析。近年来，英国数据服务网站（www. ukdataservice. ac. uk）已成为多个大型官方数据源的门户网站，可供研究人员使用。

那么为什么要使用二手数据呢？并非所有二手数据都有相同的信息，那些仅使用简短的问卷对数百人进行的小规模调查不会为进一步分析提供太多的信息。不过，你可能只是想复制这个调查，或者只是想复制此类调查中的一些问题，以获得总体内部或一段时间内的比较数据。例如，在英国，关于学生对定量方法的理解和看法的几项研究使用了类似的一系列问题，这些问题既可以进行比较，也可以提供进一步的证据来支持共同的研究假设（详见 Williams et al，2017）。

针对大型调查数据的二次分析存在一些显著的优势。这些数据通常是政府调查或人口普查的结果，或者是由大学或独立研究中心进行的，这些调查的样本量可能达数千人。其中一些调查是面板研究，即研究人员定期回访相同的受访者，从而实现数据的"纵向"联系，以便了解人们的生活、态度和信仰随着时间的变化。面板研究的一个很好的例子是英国的"理解社会"调查。"理解社会"调查是世界上最大规模的面板调查。随着时间的推移，约有 40 000 个家庭参与其中，通过分析该数据可以为英国的政策制定提供参考。参与研究的所有家庭每年都会接受调查员的走访或完成一次在线调查。该调查所提出的问题涵盖的主题非常广泛，例如家庭生活、教育、就业、财务、健康和福祉等，有些问题每年都会被问到，而有些问题则在部分年份会被问到。

因此，利用大型调查数据进行二次分析的第一个优势是个案数量庞大，远远超过研究人员自行收集的数据。至关重要的是，如此大的样本量有助于进行更复杂、更有趣和更稳健的分析。这样的分析更有可能具有更好的显著性水平（详见本系列工具书的第 3 卷和第 5 卷），即可以明确大于或小于预期的结果是否是偶然的。第二个优势是数据质量，大型调查通常研究资源充足，这意味着调查问卷在使用之前经过了严格的试调查和预测试。在那些使用当面访问法的调查中，调查员是经过培训的专业人员，通常会对调查过程进行"回溯检查"（通常由调查督导或更有经验的调查员对受访者进行重新调查），以确保调查质量。在数据的录入环节［即将受访者的回答内容录入电子数据库或统计分析软件，例如 IBM SPSS 统计软件（SPSS）］，调查员也会对数据进行核查和清理，以消除录入过程中的错误（详见 https：//elitedatascience. com/data-cleaning）。

在研究中使用二手数据可以为研究人员节省研究资源，他们可以立即获得数据，无须收集数据，从而节省大量的时间和资金。

最后，利用二手数据分析可以对变量进行重新编码并创建新变量。对变量进行重新编码，例如，如果所有受访者的年龄都被记录在数据中，那么可以将它们重新编码为适合当前研究的年龄范围。创建新变量，例如，本书作者之一想要创建一个新的变量来反映所有类型的家庭结构，以便衡量迁入或迁出单人家庭的数量。诸如人数、性别及其家庭关系等变量都有被测量，并可以组合成一个新的复合变量，称为"家庭结构"（Williams & Dale，1991）。

既然使用二手数据存在上述优点，那么为什么要费心费力地进行一手数据收集？客观而言，在很多情况下，二手数据的缺点远远多于优点。二手数据的第一个明显的缺点是可能没有收集你所感兴趣的变量。例如，如果你对教育与收入之间的关系感兴趣，但是已有数据中没有收集收入变量，那么你将无法准确地回答该问题。正如我们之前提到的，有时可以使用代理变量，但仅限于某些变量。一个经验法则是，在三个变量中仅能使用一个代理变量。

第二个缺点是，虽然这些大型调查比小规模调查有更多的研究资源支持，数据质量也可能更好，但是在数据收集、数据录入和编码过程中都无法避免地会出现一些错误，并且你很难去纠正这些错误，因为你通常无法知道，实际上也没有人知道错误发生在哪里。

在二次分析领域有一个全新的方向，其实用性和受欢迎程度正在迅速增长，我们可以用三个术语来描述这个全新的方向：（1）新社交媒体数据；（2）大数据；（3）数据挖掘。第一个是来自互联网的"自然发生的数据"，可能包括推文、脸书数据、网页"爬取"等。在这些网络资源中每秒钟都会产生大量数据，并且已经有研究人员开发出一系列全新的技术来分析这些数据。"大数据"更多的是一个概括性术语，包括新社交媒体数据，也包括购物偏好、人口流动等动态数据。例如，《国际社会研究方法学杂志》（*International Journal of Social Research Methodology*）2023年第16卷第3期刊发了多篇探讨这些问题的论文。最后，数据挖掘是一种新的（相当新的）技术，是大数据研究中的重要方法。这些数据都不是传统的以变量为中心的。这些数据和相应的分析方法提供了进行更大规模的分析的机会，这些更大规模的分析通常可以检验和预测那些通过传统方法所看不到的内容（详见 Stephens & Sukumar，2006）。事实上，研究者主要得益于这些数据和方法能够成功地捕捉到现象间复杂的数学关系，否则这些现象似乎完全是随机的。

106

7.2　纵向数据

上面提到的许多大规模的全国性调查都采用了纵向研究设计（详见第4章）。事实上，二次分析正是在纵向研究中才能发挥真正的作用。尽管我们在本章中描述的一些内容可能与你自己收集的一手数据的操作和分析相关，但我们的重点是介绍如何对纵向数据进行二次分析。

为了帮助读者充分掌握本系列工具书其他卷目中涉及的方法和技术，我们需要相对较大规模的数据，并且很多方法和技术都依赖于大规模的二手数据。为了演示这些方法和技术，本章接下来会提供一个研究示例，该示例利用了国家儿童发展研究（National Child Development Study，NCDS）的纵向数据，NCDS 以在英国 1958 年 3 月的第 1 周内出生的所有婴儿为样本，并且追踪了其一生。我们的研究示例重点关注了 50 岁这一队列的成员。

即使我们使用二手数据进行分析，我们的研究仍然需要开展伦理审查，并且应符合所有伦理标准（详见第 8 章）。伦理审查很重要，但对于 NCDS 等二手数据来说，这相当简单，因为数据中所有个体都是匿名的，并且数据中不包含居住地址等隐私信息。

纵向数据通常包含丰富的生命历程信息。尽管我们可以直接利用问卷中已有的主题和具体问题，但是熟悉具体问题的准确表达以及每个生命历程事件的记录方式仍然非常重要。

107　　　　纵向数据的一个主要缺点是容易出现样本损耗，因为随着时间的推移，我们将不可避免地会失去一些样本。当一个人在某一次数据收集时退出，就会发生自然损耗。在 NCDS 的调查中，已经进行了九次追访，其中有大约一半的基线调查样本逐渐失去随访。在少数情况下，样本成员可能错过了某一次随访，但在下一次随访中又得到了调查。纵向数据在统计方面拥有的优势是，即使有人在基线调查后退出，我们也至少掌握了一些有关他们的（部分）信息。如果我们想要估算或插补缺失的数据，这会很有帮助。我们将在"缺失数据"部分详细讨论 NCDS 中的样本损耗问题。

当你决定采用二手数据时，有必要像自行收集一手数据那样投入时间和精力来考虑上述问题。本章的目的是为你提供进行统计分析的方法演示，并为接下来的第 2 卷（探索性和描述性统计）和第 5 卷（二手数据分析）的阅读提供一些指南。我们将使用 SPSS 软件来进行所有的统计分析。

巩固你的研究问题

在自己进行调查收集一手数据的情况下，你将会把研究问题操作化为调查问卷中的问题。但是，在使用二手数据时，可用的数据不一定能够匹配或体现出你对问卷中问题的具体要求。这很可能意味着你要对研究问题进行调整，以适应这些二手数据。

应对上述问题一个策略是，在提出研究问题时尽量关注那些普遍化的问题，通过普遍化的问题来探索一些关键现象，而不要一开始就关注一些特殊化的问题（详见第 2 章）。但是，无论你提出什么样的问题，都需要充分地掌握相关领域已有的研究，在这些已有的研究中也许有文献使用类似方法甚至相同数据进行研究（详见第 3 章）。你的研究问题不能与已有的研究脉络脱离，也必须确保你不是简单地试图证明其他人已经研究过的内容，并且你需要意识到你的发现将如何影响以后的政策制定。

我们所提供的研究示例，将探讨童年的经历对那些进入"第三龄"①的英国成年人的福祉和认知能力的影响（Laslett，1989；Rowland，2012）。并且，最近一些政策制定者将关注的重点从人均国内生产总值等指标转向了幸福感和福祉（Layard，2006；Tennant et al.，2007；Wiggins et al.，2008）。同样，由于老龄人口逐渐增多，医学研究将注意力转向了认知能力下降和痴呆症的发病情况（Ferri et al.，2005）。而这些测量指标（详见第 2 章）经常随着时间的推移而发生改变。事实上，纵向分析的一个挑战是能够将某一时间节点（可能是 10 年前或更早）进行的测量与后来进行的测量进行标准化对比，或者是将一项研究中使用的测量与另一项研究中使用的测量进行标准化对比（Griffith et al.，2013）。

108

选择用于分析的变量

有一句众所周知的话常被用来贬低那些不加思考就应用某种统计技术的人——"垃圾进垃圾出"（rubbish in rubbish out）。我们需要做的是提

---

① 处于中年和老年之间的依然活跃的年龄段。——译者注

炼出用于分析的变量，这些变量要能很好地对我们的研究进行操作化，以避免分析中出现任何冗余。用另一个比喻来说，"扔进厨房水槽"也即大而全地选择所有变量并不是一个优雅的方案。拥有一个理论研究框架可以帮助你确定所需的变量。对文献的阅读和分析将是实现这一目标的第一步（详见第 3 章）。你选择的每个变量都必须有一个充分理由。如果你是第一次进行实证研究，那么你应该查阅所在学科领域的已有文献，并仔细研究该领域的同行评审文献。花时间熟悉其他人是如何选择变量的以及他们选择某一变量的理由，特别是和他们使用了相同的数据的时候。

准备用于分析的数据

一旦我们已经完成了研究的理论框架和用于分析的变量选择，在开始数据分析之前需要考虑两个重要问题：（1）检查数据的质量；（2）决定是否要重新编码（如减少变量值中的类别）、派生或构造新变量（由两个或多个变量组成）。

（1）数据质量检查：首先，数据的质量如何？个体的无回答情况如何？这是指个体在特定的纵向时间点没有得到追访。例如，他们可能在 2000 年被调查过，但在后来的调查中却没有出现。某一变量缺失的程度如何？这通常被称为"项目无回答"（详见第 6 章和本章后面的部分）。其次，个体回答问题的方式是否一致？问题回答是否在范围内？（要消除超出所提供范围的数值。）

109　　（2）合并数据：纵向数据的魅力在于，能够分析人们的态度、行为、健康状况和生活环境在多大程度上受到其早期生活环境（例如出生和童年）的影响。数据中的时间顺序为这一问题的研究提供了机会，这也是为什么许多人认为纵向数据有助于实现对因果关系的分析的原因（详见第 2 章和本系列工具书的第 10 卷）。通常，这些纵向数据是以不同时间点的横截面数据的形式提供的，并且在每一次调查中永远不会改变个体标识符（即每一个个体有唯一的 ID）。因此，我们一旦确定要研究某一个生命早期重要的事件的影响，就需要与当前或最近的数据合并或将它们匹配在一个数据文件中以供我们分析。本质上，这意味着创建纵向记录，也即在特定时间点收集重复测量的个人记录。因此，合并后的纵向数据文件的每一"行"都包含了人们从出生到生命历程中每个阶段的相关变量。

（3）数据构建：正如我们上文提到的，在使用纵向数据时，你可能会发现某些问题在不同的时间节点提问方式不一样。例如，在 NCDS 数据中，有时会询问受访者"合法婚姻状况"（单身/已婚/离婚/丧偶），有时会询问"婚姻/伴侣状况"（前述四个类别加上分居/同居）。在其他时间点，可能会出现两个单独的问题："您同居吗？""您结婚了吗？"为了保持一致性，你可能需要利用一系列变量，来实现每个时间点都有相同的类别。

分析策略

解决问题的方法可能不止一种。对数据的了解能让你对变量的情况如何分布进行一些耐心的思考（如"目测"频率，更正式的说法是单变量分析）并寻找一些相互关联（寻找预期和意外的关联，被称为双变量分析）。你可能会预料到其中的一些结果，但数据中的某些关系可能会让你感到惊讶。

脚踏实地地开始你的分析，在得出你的分析结论之前，每当你所进行的更复杂的分析（如后面几卷中的统计模型建模）表明仍然存在有价值的内容可以探索时，就要返回进行描述性统计。最重要的建议是有计划地开始进行分析，并与你的导师或研究团队成员分享你的想法，还需要注意的是要灵活地使用相关方法。

7.3　研究示例

110

我们的研究示例的主要目标是尝试研究童年时期的经历对晚年（50岁）时幸福感的影响，使用数据是童年时期的 NCDS 数据以及在 2008 年队列成员达到 50 岁时的随访数据。请注意，这是真实数据，因此百分比并不总是整齐划一的，有些数字没有小数位，有些变量可能是类别的或存在于子样本中。

在 NCDS 成员的童年时期，孩子及其父母在孩子出生时以及 7 岁、11 岁和 16 岁的时候被调查，即包含最初的出生调查和三次后续调查，我们将其合并为一个综合的童年数据，即"ncds0123.sav"。

因变量

首先，我们关注本研究可能的"结果"变量（相当于因变量——详见第 2 章）。对于相关内容，2008 年的 NCDS 调查中有丰富的变量，我们至少有五组指标可用，但我们在这里只强调其中的两组：

（1）CASP12（控制、自主、自我实现和快乐）是一套生活质量衡量标准，由 12 个问题组成。

（2）50 岁时的认知能力测试结果（单词回忆、延迟单词回忆、动物命名测试和字母取消测试）。

在这个研究示例中，我们旨在强调数据清理、一致性检查和数据管理。对因变量进行预测或检查变量之间的相互关系的工作需要应用回归分析的知识或进一步学习在线资源（详见结论部分）。

早期生活经历对因变量的影响

我们对早期生活经历的测量是参考了已有研究进行选择的，已有研究试图捕捉调查中的成员出生时的社会、生物和物质环境，以及家庭生活、认知表现和青少年时期行为的各种指标（例如 Dodgeon et al.，2020）。始终要记住是，虽然纵向数据为我们提供了丰富多样的信息来描述我们的样本成员，但我们的测量通常只是对复杂的社会和智力等变量的"代理"，*111* 并且它们只会指明或表明相关情况。我们将使用我们选择的变量来拟合多元回归模型，用来预测因变量（Field，2018）。

对于出生时的背景变量，除了性别之外，还有四个变量描述了孩子出生时的社会环境以及一些健康指标。在童年时期的相关变量中，"家庭困难"变量是我们基于孩子 7 岁时的调查数据，并综合家庭信息等生成的变量，该变量的生成主要使用了三个其他变量，分别为：（1）财产；（2）住房；（3）就业。我们还纳入了孩子是否在学校不快乐或是否在远离家庭的地方度过了一段时间等变量。认知能力是在 11 岁时（孩子从小学过渡到中学的时期）的测量。变量中还包括迈克尔·鲁特开发的 7 岁、11 岁和 16 岁的社会和情感行为这三个连续性变量（Rutter et al.，1970）。我们将在后面的部分中再次介绍这些变量的属性，包括它们的生成和分布。为了简化数据管理的各个方面，我们假设所有童年变量都已合并（ncds0123. sav），并且我们将重点关注将该数据集与第 8 轮中的数据（ncds _ 2008 _ followup. sav）合并所涉及的步骤。总而言之，我们确定了以下变量：

出生背景特征

- 父母社会阶层变量
- 出生体重
- 母亲在怀孕期间是否吸烟
- 是否母乳喂养
- 性别

童年时期

- 家庭困难
- 在学校（不）快乐
- 11 岁时的认知能力
- 7 岁时的心理困扰（Rutter7）
- 11 岁时的心理困扰（Rutter11）
- 16 岁时的心理困扰（Rutter16）

接下来，让我们开始准备数据，以便使用 SPSS 26.0 版进行分析（Field，2018）。为了在屏幕上显示这些变量，我们首先打开 SPSS 软件并要求它加载 NCDS 儿童数据（ncds0123. sav）。我们假设你已访问英国数据服务网站并将 NCDS 儿童数据下载到计算机上名为"Userdata"的文件夹中。但首先我们需要知道如何在 SPSS 中工作（使用命令代码或下拉菜单）。

使用 SPSS 的下拉菜单还是命令代码？[①]

通过在"语法"文件中输入命令代码，可以完成 SPSS 分析中的所有步骤。这也被称为"命令文件"，其中包含类似于用编程语言编写的代码——这里这些代码是专用于 SPSS 的。在使用时会有三个界面：

(1) 语法界面（包含文件，例如"syntax1. sps"）。

(2) 输出界面（"output1. spv"）。

(3) 数据编辑器界面（"ncds0123. sav"）。

如果你刚刚开始学习如何使用 SPSS 并且尚未熟悉 SPSS 命令代码，那么你可以使用下拉菜单（在界面最上方的选项卡中）如：File/Edit/View/Data/Transform/Analyse。使用 SPSS 的强大之处在于，这些菜单操作会自动翻译为命令语法，因此你可以在实现分析目标的同时学习代码"语言"。

在此示例中，我们将综合使用两种方法，主要是为了说明 SPSS 命令代码的重要性。推荐采用命令代码分析原因是，如果你成功地得到了分析结果，就可以保留生成它的命令代码，然后，你只需更改变量名称/数据名称，就可以轻松地使用其他变量或不同的数据复制该分析。你会注意到输出文件（output1. spv）记录了你指定的每个分析步骤，并将你的菜单点击操作转化为正确的命令代码。

因此，当我们开始示例分析时，我们首先通过下拉菜单中出现的选项进行操作（见图 7-1），然后，我们可以记下命令代码（如有必要，可以从输出文件中复制）。

单击 File＞Open＞Data。

[①] 这里我们使用的是 SPSS 26.0 版本，可能与其他版本存在一些细微的差异。

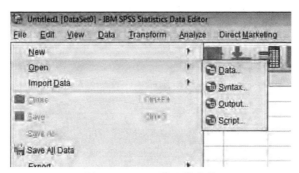

图 7-1　SPSS 的下拉菜单

注：经 IBM SPSS 许可使用。

接下来，我们打开 NCDS 童年数据文件（ncds0123.sav；见图 7-2）。　*113*

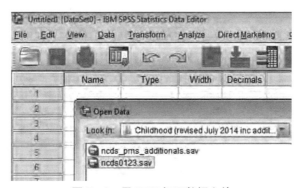

图 7-2　用 SPSS 打开数据文件

注：经 IBM SPSS 许可使用。

这将在"Data Editor"的界面中显示数据。下面我们来介绍一下 Data
Editor 界面。首先，界面左上角标注了我们将要使用的数据文件的名称
（ncds0123.sav），在它的下方有诸如"View"等功能图标，在最左边的列
中，每个格子中都有连续的数字（1～15 及以上）。在后面的"Name"这
一列中，最初将进行数据录入的研究人员为每个变量分配了变量名（例如
n553）。在"Type"这一列中是变量的类型（包括"String"或"Numer-
ic"）。因此，对于 n553 这个变量，我们知道它由数字组成，而"ncdsid"
是一个字符串变量。接下来的一列"Width"告诉我们变量值有多少个字
符（字母和/或数字）。"Decimals"这一列显示了数字型变量中有多少个
小数位。请注意，本例所示的变量均不带任何小数位。"Label"这一列提

供了对变量名称的较长描述，即变量的标签，这在输出结果时很有帮助。“Values”这一列包含每个变量取值的范围，单击该列中的任意单元格将打开完整的代码供你检查（见图 7－3）。

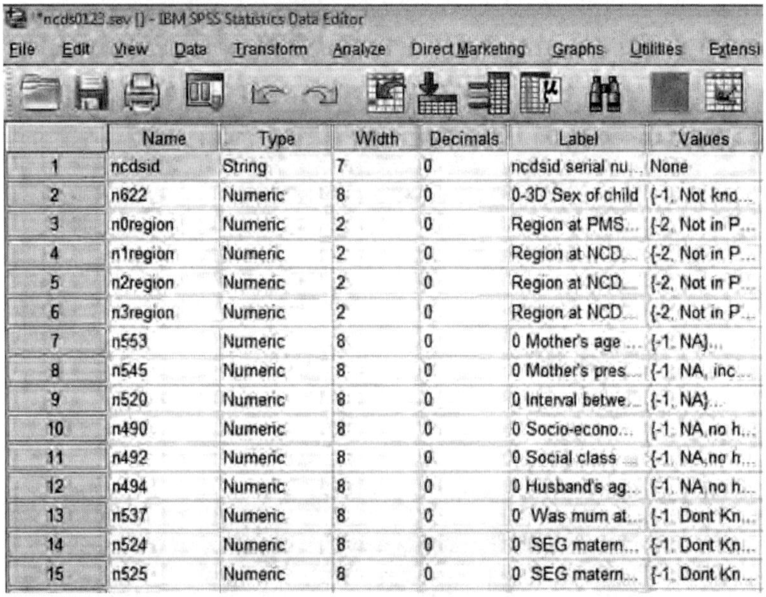

	Name	Type	Width	Decimals	Label	Values
1	ncdsid	String	7	0	ncdsid serial nu...	None
2	n622	Numeric	8	0	0-3D Sex of child	{-1, Not kno...
3	n0region	Numeric	2	0	Region at PMS...	{-2, Not in P...
4	n1region	Numeric	2	0	Region at NCD...	{-2, Not in P...
5	n2region	Numeric	2	0	Region at NCD...	{-2, Not in P...
6	n3region	Numeric	2	0	Region at NCD...	{-2, Not in P...
7	n553	Numeric	8	0	0 Mother's age ...	{-1, NA}...
8	n545	Numeric	8	0	0 Mother's pres...	{-1, NA, inc...
9	n520	Numeric	8	0	0 Interval betwe...	{-1, NA}...
10	n490	Numeric	8	0	0 Socio-econo...	{-1, NA no h...
11	n492	Numeric	8	0	0 Social class ...	{-1, NA no h...
12	n494	Numeric	8	0	0 Husband's ag...	{-1, NA no h...
13	n537	Numeric	8	0	0 Was mum at...	{-1, Dont Kn...
14	n524	Numeric	8	0	0 SEG matern...	{-1, Dont Kn...
15	n525	Numeric	8	0	0 SEG matern...	{-1, Dont Kn...

图 7－3 SPSS **数据编辑器页面**

注：经 IBM SPSS 许可使用。

114 最后，“Missing”这一列指示哪些值已被指定为缺失值（不可分析的数据）。例如，－1 或 999 通常是用于指示“剩余”类别的数字代码，包括“不适用”或“在该次调查中不存在”。

接下来，我们打开包含“结果”变量的数据：ncds8 的后续数据（可以同时在软件中打开两个数据）。

单击 File>Open>Data，然后选择 ncds8 数据（见图 7－4）。

现在我们打开了两个数据，以及一个输出文件和一个（当前为空）语法文件。我们可以通过“Window”选项卡在这些界面之间进行切换（见图 7－5）。

接下来我们需要将 50 岁的数据与童年数据进行合并，形成一个大的纵向数据文件。

115

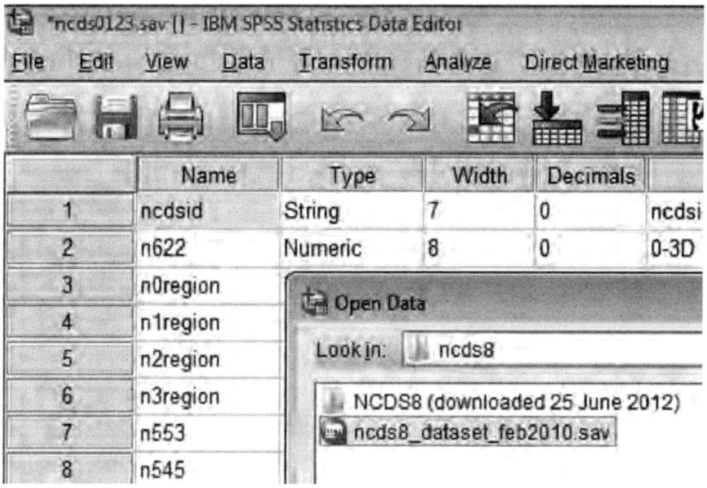

图 7 - 4　在 SPSS 软件中选择数据文件

注：经 IBM SPSS 许可使用。

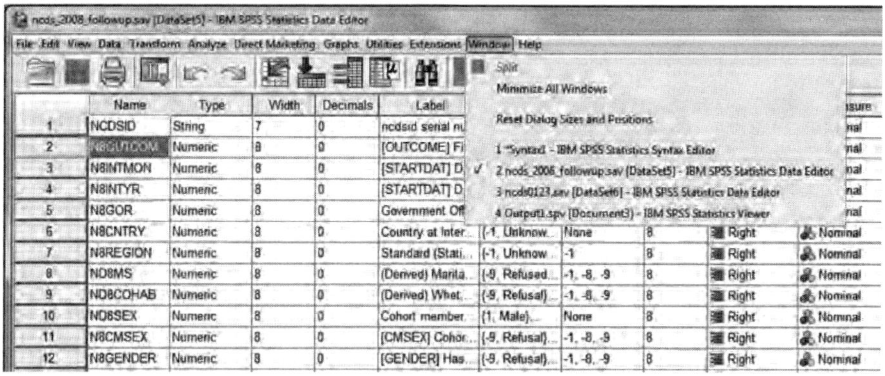

图 7 - 5　SPSS 软件的"Window"选项卡

注：经 IBM SPSS 许可使用。

我们首先通过在"Window"下拉菜单中单击其名称返回到 ncds0123. sav 数据文件，如图 7 - 5 所示。然后，要将其与 ncds8 合并，我们单击 Data > Merge Files > Add Variables（见图 7 - 6）。

请注意，在"Merge Files"选项卡下，有两个选项都以"add"一词开头。我们可以为相同的个体添加变量，或者向现有的样本中添加更多的个体（始终具有相同或共同的变量）。接下来，在合并过程中，我们指明 *116* 要添加来自哪个（已打开的）数据的变量（ncds8；见图 7 - 7）。

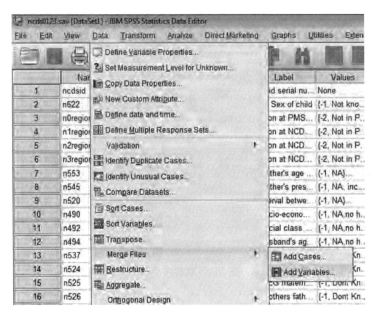

图 7-6　通过"Add Variables"合并数据

注：经 IBM SPSS 许可使用。

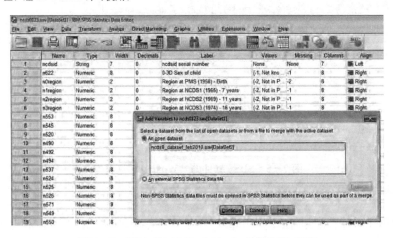

图 7-7　通过"Add Variables"合并数据（续）

注：经 IBM SPSS 许可使用。

　　我们会得到如图 7-8 所示的界面，SPSS 在检查正在合并的两个文件之间是否有变量名称重复。唯一重复的变量是名为"ncdsid"的这个变量，它需要出现在两个数据文件中，以便准备合并的两个数据文件可以精确匹配。

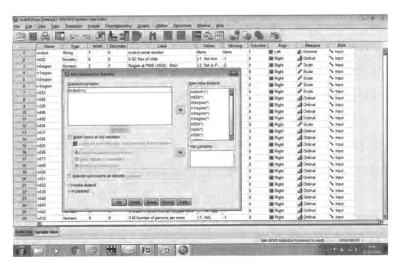

图7-8 SPSS检查重复变量名称

注：经 IBM SPSS 许可使用。

我们突出显示"ncdsid"变量，并选中"Match cases on key varia-bles"（此处的匹配是通过"ncdsid"变量的值实现的）和"Cases are sorted in order of key variables…"的框（见图7-9）。

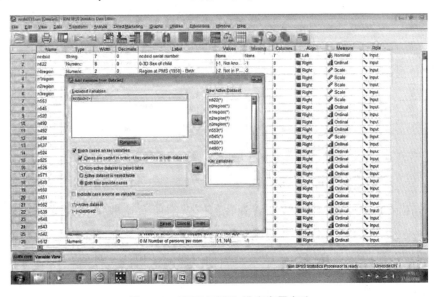

图7-9 SPSS匹配和排序变量名称

注：经 IBM SPSS 许可使用。

　　然后，我们单击"Key Variables"旁边的向右箭头，并将"ncdsid"粘贴到"Key Variables"框中。按"OK"，两个数据文件就会合并。我们的纵向数据文件几乎已准备好了。

　　合并后的文件（暂时）仍名为 ncds0123.sav。建议给它一个新名称，例如 ncds0123_8，以便我们将新的合并文件与旧文件"ncds0123"和"ncds_8"区分开来。为此，请单击"File>Save as"，然后指定其新名称。

　　我们现在不需要 ncds8 文件，因此你可以使用"Window"选项卡返回该文件，然后单击"File > Close"。你不需要"关闭"ncds0123 文件，因为它实际上已"变成"ncds0123_8。但原始的（未合并的）ncds0123 文件仍将存在于你的计算机上，它不会被任何内容覆盖，因为你为合并的新数据文件选择了新名称。

　　现在，我们可以使用"Window"选项卡来访问输出文件output1.spv，通过选择我们在"Window"下看到的灰色矩形列表中的第三个选项（见图 7-10）。

118

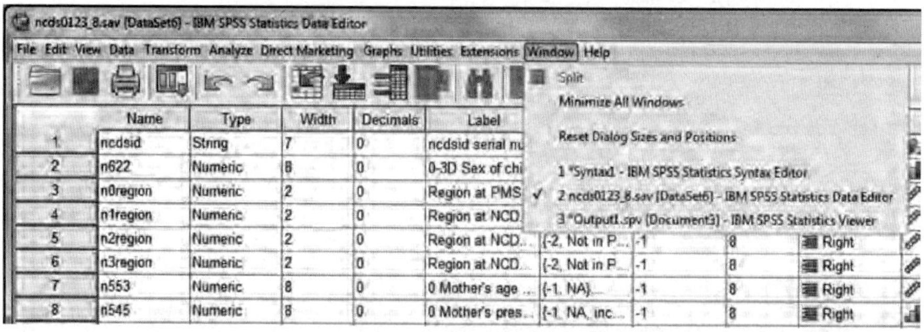

图 7-10　通过 SPSS"Window"选项卡保存合并的数据文件

注：经 IBM SPSS 许可使用。

　　在 output1.spv 中，我们看到我们所做的所有这些下拉菜单选择都已被记录为一系列 SPSS 命令代码，这是自动生成的，每个命令都有一个特定的命令代码，总是以句号结束。当你习惯阅读语法文件时，你应该熟悉它们的形式和功能：

GET FILE='C:\Userdata\ncds0123.sav'.
MATCH FILES /FILE= *

/FILE='C:\Userdata\ncds8_dataset_feb2010. sav'

/BY ncdsid.

EXECUTE

SAVE OUTFILE='C:\Userdata\ncds0123_8. sav'.

最好将这些命令代码复制粘贴并保存起来，以供将来使用。以后只需通过替换文件的名称，然后运行该命令代码，就可以快速合并文件。

现在，是时候开始检查数据的质量了。首先，我们将检查由于个人随时间退出研究（样本损耗）或个人未回答某些问题（项目）而被归类为"Missing"的情况（参见上文关于"Missing"列中显示的值）。例如，对于"你丈夫的职业是什么?"的答案可能是"－1 不适用"，因为该受访者没有丈夫。

缺失值

接下来，我们简要查看上面生成的合并数据，可以发现早期（童年）调查的有效样本量比后来的调查的样本量多得多。每一次调查样本量的逐渐减少如图 7－11 所示。

119

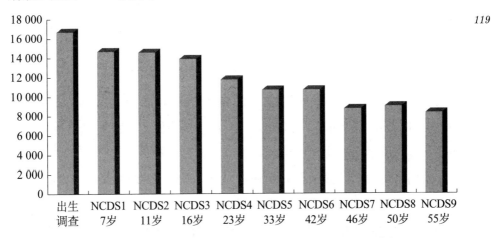

图 7－11　国家儿童发展研究调查样本的流失（1958—2013 年）

注：经 IBM SPSS 许可使用。

在 NCDS 数据中，出生调查（基线调查）包括 17 415 名婴儿，占英国该周全国出生总数的98%。在随后的调查中，研究人员试图联系剩下的2%，并且试图联系那些在1958年的那一周在国外出生，但是于1974年成为英国移民并且在7岁、11岁或16岁在英国学校就读的人。因此，在1965年（7岁时）增加了537个个案，1969年（11岁时）增加了297个个案，1974年（16岁时）增加了303个个案。另外，还有6名受访者在23岁或33岁时被调查到，所以1958年这个出生队列总共有18 558人。

然而，在各年份额外增加的1 143人（18 558减去17 415）不足以弥补在1965年和1969年调查中约2 000名儿童逐渐失去随访的情况，到1974年，样本数量比1958年最初的17 415人减少了近3 000人。

从图7-11中看到，当这些婴儿成长到50岁，只剩下9 790人参与了调查，占原始人数的56%，或者更准确地说，占曾经参与调查的18 558人总数的52.8%。然而，样本的流失并不是单调递减的，有些人在错过了一两次后续调查后又重新加入了调查，因此在50岁时的总数实际上略高于46岁时的人数（9 534人）。

在我们合并得到的"童年＋50岁"的数据集后，对于那些未参加50岁这一年的调查的成员，你将看到所有"50岁"这一年的变量都显示为缺失值。如果年龄在50岁的队列成员未能完成或回答特定问题，也会出现缺失值。前者构成"无回答"，后者构成"项目无回答"。可以通过加权和插补相结合的方法来弥补数据的缺失（Kalton & Flores-Cervantes，2003；Mostafa & Wiggins，2015）。但对于这个例子，我们将简单地分析那些具有完整信息的个体。

120   我们将分两个阶段执行此操作：首先，删除那些在50岁的那次调查中没有得到随访的所有个案。接下来，我们将50岁的那次调查余下的个案与童年数据进行合并。50岁那次调查数据中列出的第一个变量（N8OUTCOM）将帮助我们完成此任务：该变量表示在实地调查时调查员对这些50岁队列中的受访者的调查的情况（见表7-1）。

表 7 - 1　　　　　　　　　　　　　　入户调查的最终结果

		频数	百分比	有效百分比	累积百分比
有效值	110 有效访问	9 758	52.6	99.7	99.7
	130 代答	22	00.1	00.2	99.9
	210 部分有效	10	00.1	00.1	100.0
	总计	9 790	52.8	100.0	
缺失值	系统缺失	8 768	47.2		
总计		18 558	100.0		

在合并后的数据中共有 18 558 人，有 9 790 人在 50 岁时接受了随访（其中 10 人为"部分有效"，表示未完成全部调查；另外 22 个"代答"受访者表示，因为受访者自己因残疾或体弱等原因无法自己回答，故由他人代答）。

表 7 - 1 中剩余的 8 768 为缺失值，因为他们在 50 岁时没有得到随访。因此，它们就像我们在上一节中提及的在"Data Editor"屏幕的"Missing"列中被赋予特殊值 -1 或 999 的情况一样。但由于它们根本没有被赋予任何值，因此 SPSS 软件将它们称为"系统缺失"。在 SPSS 中，"SYSMIS"的功能十分强大，它能提醒你在开始进行认真分析之前，需要检查所有变量的频率分布。当你需要重新编码或从现有变量创建（派生）新变量时尤其如此（更多内容详见下文）。

如果我们删除在 N8OUTCOM 这一变量上为缺失值的所有个案（即仅选择 N8OUTCOM 具有真实值的案例），我们将获得一个完整的纵向数据，其中仅包含 9 790 人，所有受访者至少回答了一部分在 50 岁那次调查中的问题。为了实现这一点，我们将使用 SPSS 中的一个名为"Select if"的便捷选项，它允许我们根据指定的条件对数据进行筛选（例如，我们可以只选择某些地理区域的个案）。在这种情况下，我们选择在 50 岁那次调查时得到有效访问的个案，并删除其他个案。

如何做定量研究？

我们可以通过下拉菜单来实现这一点，如下所示：我们单击 Data＞Select Cases（从图 7 - 12 开始共有六个步骤）。

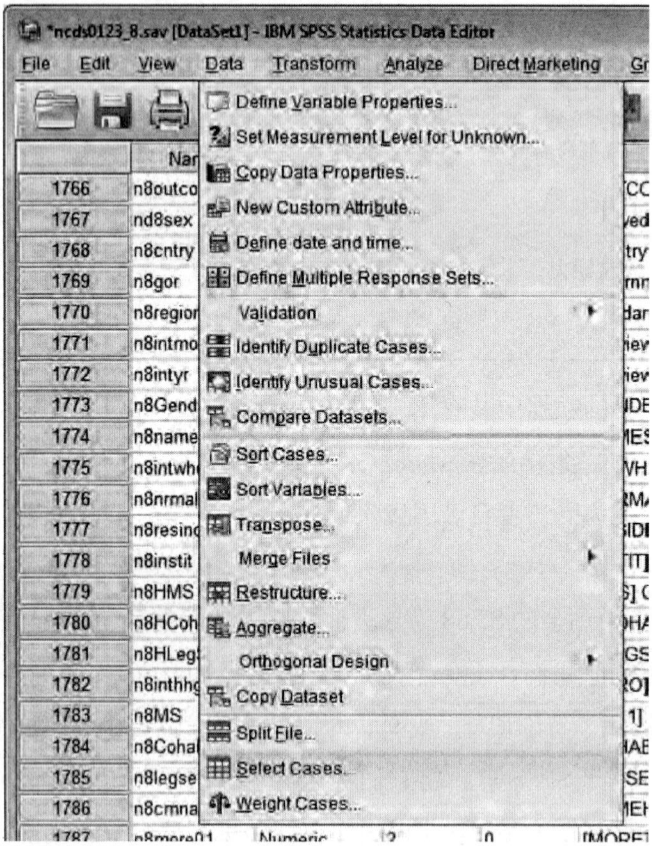

图 7 - 12   用 SPSS 进行样本筛选（1）

注：经 IBM SPSS 许可使用。

这时会有另一个对话框被打开。在这个"Select Cases"对话框中，我们可以看到合并数据文件 ncds0123_8 中所有变量的列表。该对话框要求我们指定"条件"。我们希望条件是 N8OUTCOM 具有真实值。

123　　　接下来我们选中"If condition is satisfied"并单击标有"If"的选项卡（见图 7 - 13）。

单击"If"后，会出现另一个对话框：要求我们选择其中一个变量（见图 7 - 14）。

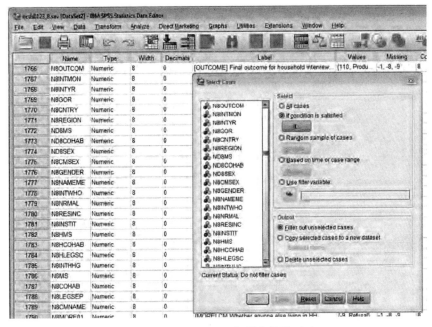

图 7-13　用 SPSS 进行样本筛选（2）

注：经 IBM SPSS 许可使用。

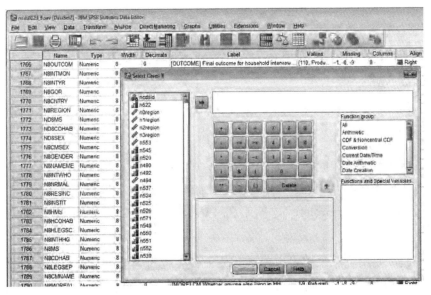

图 7-14　用 SPSS 进行样本筛选（3）

注：经 IBM SPSS 许可使用。

我们将列表向下滚动，直到找到 N8OUTCOM 这一变量并选中；然后，单击白框旁边的箭头，该变量名称就会进入到白框中。我们希望条件是变量具有真实值（即＞0），因此我们单击白色框下方标有"＞"的选项卡，并单击"0"选项卡（见图 7-15）。

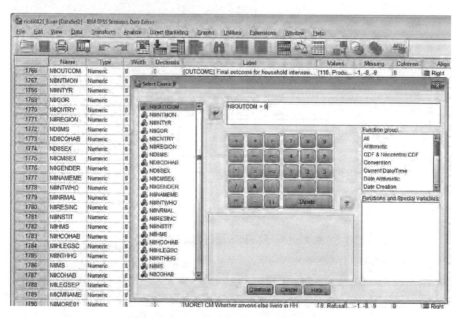

图 7-15　用 SPSS 进行样本筛选（4）

注：经 IBM SPSS 许可使用。

接下来，我们单击"Continue"选项卡，返回"Select Cases"对话框（见图 7-16）。

最后，我们希望将所选个案复制到新文件中，因此我们选中"Copy selected cases to a new data set"，我们可以将其命名为"ncd20123_8_complete"，然后在白色框中键入该名称，之后单击"OK"（见图 7-17）。

125　　通过使用下拉菜单可以实现我们对数据进行筛选的目标，接下来我们将介绍 SPSS 命令代码的优点：我们可以通过在我们的"syntax1"界面中输入两行命令，然后单击绿色的"Run selection"箭头，来获得相同的结果（见图 7-18）。

Select if（N8OUTCOM >0）.

Save outfile=`C:\Userdata\ncds0123_8_complete.sav`.

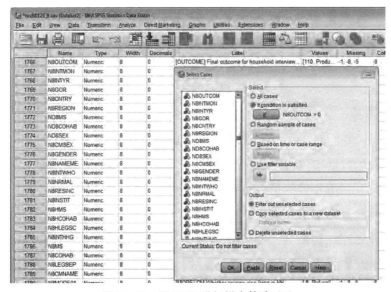

图 7－16 用 SPSS 进行样本筛选（5）

注：经 IBM SPSS 许可使用。

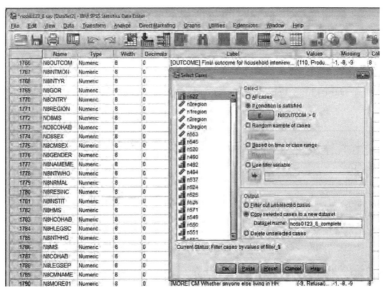

图 7－17 用 SPSS 进行样本筛选（4）

注：经 IBM SPSS 许可使用。

图 7 - 18　SPSS 的 "syntax1" 界面

注：经 IBM SPSS 许可使用。

　　现在，我们有了经过筛选的新的数据，其中包含所有参与 50 岁这次调查的人，数据中包含童年调查变量和 50 岁这次调查的变量。

　　我们下一步要做的是检查数据中其他变量的缺失情况，以及变量值的范围（即检查最小值和最大值），如表 7 - 2 所示。除了检查变量值的范围是否合理之外，我们通常也要检查受访者是否以合乎逻辑的方式进行回答，这也被称为"一致性检查"。通常，某些问题仅在满足特定条件时才适用，例如，有些问题可能仅适用于怀孕期间吸烟的母亲。为了进行一致性检查，你需要先阅读调查问卷，熟悉相关问题，然后才能实施检查。阅读问卷、熟悉问题所花费的时间是值得的。表 7 - 2 中存在一个逻辑变量，我们将其包含在内的唯一目的就是利用它说明如何进行一致性检查。这个变量是"n545 母亲目前婚姻状况"。

126　表 7 - 2　　　"ncds0123_8_complete" 数据中的变量列表及缺失值百分比和变量值范围

(基于 2008 年 9 790 名 50 岁的受访者)

变量描述	变量名	缺失值百分比	最小值，最大值
出生背景特征			
父亲的社会阶层	n492	5.2	−1, 12
母亲目前的婚姻状况	n545	5.2	−1, 5
出生体重（单位：盎司）	n646	5.6	36, 204
母亲在怀孕期间是否吸烟	n639	6.5	1, 4
是否母乳喂养	n222	12.3	1, 4
性别	n622	0	1, 2

续表

变量描述	变量名	缺失值百分比	最小值，最大值
童年时期			
家庭困难			
住房	n314	12.5	0，2
财产	n315	12.5	0，2
失业	n324	12.6	0，2
在学校（不）快乐	n115	12.3	1，4
11 岁时的认知能力	Cog11Zsum	13.7	−13.31，8.67（4 个标准分数之和）
7 岁时的心理困扰	Rutter7	8.5	0，24
11 岁时的心理困扰	Rutter11	6.8	0，25
16 岁时的心理困扰	Rutter16	9.6	0，25
50 岁时			
CSAP+	CASP12sum	11.9	2，36
认知能力得分+	Cog50Zsum	4.1	−12.00，9.87（4 个标准分数之和）

注："＋"表示 CASP12sum 变量和认知能力分数都是基于原始变量的加总分数。CASP 是四个问题的缩写，其中 C＝控制、A＝自主、S＝自我实现、P＝快乐。

标准化分数（详见本系列工具书的第 3 卷）就是原始分数减去平均值，然后除以标准差。因此，可以进行"标准化的"描述，这意味着你可以组合多个分数，因为它们都是在通用量表上测量的（平均值为 0）。

这些原始变量或派生变量（由一组单个的问题创建）的缺失水平在 0% 到 13.7% 之间。处理此缺失值问题的最简单方法是删除在一个或多个变量上存在缺失值的个案。这被称为"列删法"。但是这样做可能会导致样本量变小。这种做法可能会使我们的结果产生偏差，因此需要投入一些时间和精力来"插补"或估算存在缺失的值（Mostafa & Wiggins，2015）。SPSS 软件也可以实现数据的插补。如果你对你的"插补"方法有足够的信心，建议你将其纳入你的分析策略中。

127

在执行列删之前，我们需要事先声明在表 7 - 2 中的 16 个变量中，我们希望将哪些值视为"缺失值"。其中一些变量永远不会缺失（例如 N622 "性别"：所有受访者出生时记录的特征），而另一些变量（例如 CASP12sum、Cog11Zsum 和 Cog50Zsum 的总分）要么是有效的数字，要么是"系统缺失"，所以我们不需要声明这些缺失值。

以下命令代码用于声明变量的缺失值，其中"−1"被视为缺失：

missing values n646 n639 n222 n314 n315 n324 n115 Rutter7 Rutter11 Rutter16（−1）.

声明缺失值后，我们再次对表 7 - 2 中的每个变量使用"Select if"命令，删除包含缺失值的个案：

Select if（not（missing（n492）））.

Select if（not（missing（n646）））.

Select if（not（missing（n639）））.

Select if（not（missing（n222）））.

Select if（not（missing（n622）））.

Select if（not（missing（n314）））.

Select if（not（missing（n315）））.

Select if（not（missing（n324）））.

Select if（not（missing（n115）））.

Select if（not（missing（Cog11Zsum）））.

Select if（not（missing（Rutter7）））.

Select if（not（missing（Rutter11）））.

Select if（not（missing（Rutter16）））.

Select if（not（missing（CASP12sum）））.

Select if（not（missing（Cog50Zsum）））.

在分析中，为了保证任何变量都没有缺失值，我们从数据集 "ncds0123_8_complete" 中的 9 790 个个案中，得到了 5 795 个个案。这意味着我们放弃了 3 995 个个案，因为这些个案都至少在一个变量上存在缺失值。这些个案能够部分代表我们所需要的样本，它们代表了样本的41%［即｛（9 790－5 795）/9 790｝＊100%］。在这里我们想强调，在处理大样本数据时需要进行插补。我们将列删后的数据保存在一个新的数据文件中，并将其命名为"ncds0123_8_listw-del"：

Save outfile＝'C:\Userdata\ncds0123_8_listw_del. sav.

在使用该数据集进行分析之前，还有两项进一步的检查，它们通常在任何数据检查或清理任务中具有普遍适用性：（1）一致性检查；（2）对派生变量的检查。如果想阐述这些检查方法，我们就需要先详细地了解变量重新编码的工作，即减少类别变量的分类数量，或将连续变量的连续性程度降低，从而使得变量更易于管理。当然，有人可能会说，这就像丢弃信息一样，例如，将以克为单位的精确出生体重重新分类为"轻量级、平均量级或重量级"婴儿。

一致性检查是指检查在问卷中是否存在跳转逻辑。通常，这是问卷中的"过滤器"，例如"如果受访者已婚，则询问下一个问题，否则跳至问题 n＋1"。

在我们当前的分析中，我们有一个变量（n492）"父亲的社会阶层"，可以通过"母亲目前的婚姻状况"（变量 n545）对其进行检查（见表7-3、表7-4和表7-5)①。

要获取两个变量的频数，我们可以在"syntax1"界面中输入以下命令：

Frequencies n492 n545.

我们通过选中该命令并按绿色箭头来执行该命令。这些计数随后出现在输出界面中。

---

① 原文中变量 n492 为 mother's husband's social class，指的是调查时母亲的丈夫的社会阶层，他不一定是被调查者的父亲。因此，在本例中进行一致性检查的思路是，只有变量 n545"母亲目前的婚姻状况"为婚姻存续状态，母亲的丈夫的社会阶层才会有有效值，否则就是出现了填答错误。为了更符合我国社会的风俗习惯，此处将 mother's husband's social class 译为"父亲的社会阶层"，这可能会导致读者对该示例的理解出现困惑。——译者注

表7-3 父亲的社会阶层（英国统计局的社会阶层分类标准，1951）

	频数	百分比	有效百分比	累积百分比
有效值 —1NA，没有丈夫	111	1.9	1.9	1.9
2 I	269	4.6	4.6	6.6
3 II	830	14.3	14.3	20.9
4 III	3 372	58.2	58.2	79.1
5 IV	659	11.4	11.4	90.4
6 V	433	7.5	7.5	97.9
9 学生	7	0.1	0.1	98.0
10 死亡或失踪	1	0.0	0.0	98.1
12 母亲单身，没有丈夫	113	1.9	1.9	100.0
总计	5 795	100.0	100.0	

129 **表7-4** 母亲目前的婚姻状况

	频数	百分比	有效百分比	累积百分比
有效值 —1NA，信息不完整	1	00.0	00.0	00.0
1 分居、离婚或丧偶	43	00.7	00.7	00.8
2 同居	6	00.1	00.1	00.9
3 再婚	6	00.1	00.1	01.0
4 已婚	5 626	97.1	97.1	98.1
5 未婚	113	01.9	01.9	100.0
总计	5 795	100.0	100.0	

为了进行有效的一致性检查，我们现在使用命令"Crosstabs n492 by n545"对这些变量生成交叉表。

表 7 - 5　　　"父亲的社会阶层"和"母亲目前的婚姻状况"的交叉表

计数

		n545 母亲目前的婚姻状况					
		−1NA, 信息不完整	1 分居、离婚 或丧偶	2 同居	3 再婚	4 已婚	5 未婚	总计
n492 父亲的 社会 阶层	−1NA, 没有丈夫	1	22	2	0	86	0	111
	2 I	0	0	0	0	269	0	269
	3 II	0	1	0	1	828	0	830
	4 III	0	13	3	2	3 354	0	3 372
	5 IV	0	4	1	0	654	0	659
	6 V	0	2	0	3	428	0	433
	9 学生	0	0	0	0	7	0	7
	10 死亡或失踪	0	1	0	0	0	0	1
	12 母亲单身, 没有丈夫	0	0	0	0	0	113	113
总计		1	43	6	6	5 626	113	5 795

　　我们看到，正如预期的那样，在变量 n545（母亲目前的婚姻状况）为"已婚"的 5 626 个个案中，变量 n492（父亲的社会阶层）大多数具有有效的社会阶层，其中仅有 7 个个案的社会阶层是学生。另外有 86 个个案案例，其中变量 n545（母亲目前的婚姻状况）为已婚，但变量 n492（父亲的社会阶层）被标记为"−1NA，没有丈夫"。因此我们得出的结论是，在这些情况下，父亲由于其他原因而没有获得 I 至 V 的社会阶层代码。也可能会有人怀疑这 86 个个案因为父亲失业或生病等原因，都被简单粗暴地编码为"不适用"。

　　我们还从交叉表（表 7 - 5）中注意到，在变量 n545（母亲目前的婚姻状况）为"分居、离婚或丧偶"的 43 个个案中，有一半的个案在变量 n492（父亲的社会阶层）上有有效的代码（与"分居"一致），其中 1 个个案为"死亡或失踪"，与丧偶身份一致，另外 22 个被编码为"−1NA，没有丈夫"，与离婚一致。

130

所有被编码为"5 未婚"的 113 位母亲，其对应的变量 n492（父亲的社会阶层）均为"12 母亲单身，没有丈夫"，这表明数据的质量较好。那些被编码为"3 再婚"的人在变量 n492（父亲的社会阶层）上都有有效的代码。最后，我们看到 6 个"同居"个案中，有 4 个个案似乎将同居视为有效的婚姻（因为在变量 n492 上存在有效的代码），而另外 2 个个案将其视为"－1NA，没有丈夫"。

因此，我们的一致性检查表明没有什么可担心的，并且一致性检查让我们更多地了解了那些潜在的不明确的个案的细节。

重新编码和生成变量

现在我们转向变量的重新编码问题（减少或重新标记变量中的类别）。我们通过查看"家庭困难"下的三个变量来说明这一点：（1）变量 n314 "住房"；（2）变量 n315 "财产"；（3）变量 n324 "失业"。我们希望生成一个变量，用于表示家庭困难，并且希望这个变量的值为 0、1、2 或 3（见表 7 - 6）。

我们使用以下命令获取这三个变量的频数分布：

Fre n314 n315 n324.

（请注意，frequencies 可以缩写为 fre）

表 7 - 6 　　　　　　　　家庭在住房、财产和失业方面的困难

n314 1P 家庭困难：住房				
		频数	百分比	有效百分比	累积百分比
有效值	1 不知道	285	4.9	4.9	4.9
	2 是	337	5.8	5.8	10.7
	3 否	5 173	89.3	89.3	100.0
	总计	5 795	100.0	100.0	

n315 1P 家庭困难：财产				
		频数	百分比	有效百分比	累积百分比
有效值	1 不知道	550	9.5	9.5	9.5

续表

n315 1P 家庭困难：财产				
	频数	百分比	有效百分比	累积百分比
2 是	333	5.7	5.7	15.2
3 否	4 912	84.8	84.8	100.0
总计	5 795	100.0	100.0	

n324 1P 家庭困难：失业				
	频数	百分比	有效百分比	累积百分比
有效值　1 不知道	371	6.4	6.4	6.4
2 是	145	2.5	2.5	8.9
3 否	5 279	91.1	91.1	100.0
总计	5 795	100.0	100.0	

我们可以看到这三个变量均有三个编码，包括"不知道"（这是因为调查时该问题是由家庭中的一员回答的，他可能会意识到他所在的家庭中存在这些类型的困难，但可能没有足够的信息来形成准确意见）。如果我们想要得到家庭困难的分数并避免"不知道"这一回答的影响，那么最好的办法是对这些变量进行重新编码，将"是"编码为 1，"否"和"不知道"均编码为 0。由此，对于每种类型的家庭困难，只有当其中一个答案为"是"时，我们才会增加家庭困难这一派生变量的分数。

可以使用 SPSS 中的"Recode"命令。此过程非常简单，可以一次应用于三个变量：

Recode n314 n315 n324（1＝0）（2＝1）（3＝0）.

该命令要求 SPSS 对三个变量均执行，并将每个变量中的 1 更改为"0"，2 更改为"1"，3 更改为"0"。

但我们还需要重新标记三个变量的值标签。我们使用"Value labels"命令：

Value labels n314 n315 n324

0"否或不知道".

1"是".

于是我们现在可以得到重新编码后的变量（以 n314 为例）如下（见

表 7 - 7）。

表 7 - 7   家庭困难：住房

		频数	百分比	有效百分比	累积百分比
有效值	0 否或不知道	5 458	94.2	94.2	94.2
	1 是	337	5.8	5.8	100.0
	总计	5 795	100.0	100.0	

现在，我们可以使用三个重新编码的变量来生成新的变量。

回顾表 7 - 2，我们将这三个变量归为"家庭困难"一类。如果我们想生成一个反映家庭所面临困难的程度的变量，我们可以将三个（重新编码的）变量相加，这将得到最低分数为 0（没有任何困难）和最高分数为 3（在三个方面均有困难）的新变量。

我们可以构造一个新变量"famdiffs"，其值是上述三个重新编码的变量的总和：

Compute famdiffs＝n314＋n315＋n324.

这个名为"famdiffs"的派生变量，其变量值包括从 0 到 3（见表 7 - 8）。

表 7 - 8   家庭困难人数统计表（famdiffs）

		频数	百分比	有效百分比	累积百分比
有效值	0	5 185	89.5	89.5	89.5
	1	439	7.6	7.6	97.0
	2	137	2.4	2.4	99.4
	3	34	0.6	0.6	100.0
	总计	5 795	100.0	100.0	

请注意，这个派生变量中没有缺失值，因为在执行列删后，构成这个派生变量的三个原始变量（n315、n315 和 n324）具有完全相同的数量（5 795）。在将这三个变量加总时，如果三个变量中的任何一个存在缺失值，那么 SPSS 都会在派生变量中生成相应的缺失值。但我们不必担心，因为我们的列删操作避免了这一问题。

在我们的示例数据中有相当多的派生变量，如认知能力的评分、心理困扰的评分和使用的因变量（在 50 岁那次调查中的两个变量）。例如，CASP 分数是 12 个变量的加总，每个变量的值为"0、1、2、3"，不同的变量被定义为代表生活质量的四个方面，即控制、自主、自我实现和快乐（如缩写 CASP 所示）。

对于一个完全积极向上、对生活没有任何焦虑的 50 岁受访者来说，生活质量的最高值或曰峰值是"36"。一般来说，我们将这些指标称为"总和指数"。现在让我们来观察表 7 - 9 中的分布图的形状、算术平均值（通俗地说就是平均值）和中位数（通俗地说就是最中间的分数），从而分析这一变量的分布情况。

让我们先看表 7 - 9 中的频率分布的形状，可以发现一些变量具有对称分布（特别是 11 岁时和 50 岁时的认知能力得分）的特征，而另一些变量的形状不太对称。想象一下我们有这些分布的剪纸图。然后，我们可以证明对称性的含义，因为当我们沿对称轴（位于平均值的垂直线）折叠时，如果几乎不会得到任何重叠，我们就将偏离对称性的分布称为"偏态"。如果平均值超过中位数，则分布被称为"右偏"（本质上，平均值将分布的尾部拉到图像的右侧）；如果平均值比中位数小，则分布被称为"左偏"。因此，7 岁时、11 岁时和 16 岁时的心理困扰得分存在右偏，而 CASP 则存在左偏。

这是因为心理困扰得分以 1 到 14 的范围来测量孩子的不快乐程度，具体题目包括"孩子是否焦躁/扭动/烦躁?""他或她在学校受到欺负吗?"等。值得庆幸的是，大多数孩子是高兴的，因此在这些问题中最多只有三到四个问题被回答为"是"。因此。孩子得 14 分的情况很少见，但 0 分的情况却很常见。这就使得该变量的分布右偏，尤其是在 16 岁时很多人的心理困扰分数为 0。

相反，CASP 生活质量评分略微偏左，极少数人报告生活质量水平较低。相比之下，在 50 岁时的认知能力得分中，获得"低于平均水平"分数的人和获得"高于平均水平"分数的人一样多，并且分布以类似的方式在两端"逐渐减少"（即很少有人获得满分，也很少有人获得零分）。所以这会导致对称分布而不是偏态分布。

134　表 7 - 9　　　　　　　　　　关键派生变量的单变量属性

变量描述、算术平均值和中位数	频率分布
11 岁时的认知能力得分 0.175 1，0.248 4（4 个标准分数之和）	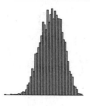
7 岁时的心理困扰得分 6.09，6.0	
11 岁时的心理困扰得分 5.73，5.0	
16 岁时的心理困扰得分 3.29，2.0	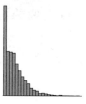
50 岁时的认知能力得分 0.120 2，0.081 8（4 个标准分数之和）	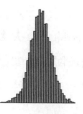
CASP 生活质量得分 （26.17，27.0）	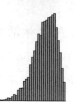

注：CASP 是四个问题的缩写，其中 C＝控制、A＝自主、S＝自我实现、P＝快乐。

7.4 结论

　　正如我们在第 3 章中所建议的，让自己沉浸在文献中，并明确你所感兴趣的领域中已经有了哪些其他研究是很重要的。如果有现成的数据，就请了解该数据的来源、调查问卷以及二手数据的局限性。我们要强调的是在开始分析之前检查数据质量是非常重要的，要检查变量编码和是否存在缺失值，制定数据管理的策略以及重新编码或生成新变量的基本原理，避免急于进行复杂的分析（通过菜单驱动的软件可以轻松实现）——如果数据集中存在异常数据值，这种分析就可能会产生偏差。我们提供的研究示例是为了让你了解通过功能强大的统计软件，对大型且复杂的数据进行数据管理的一些详细内容，为你提供关于数据分析的"真实世界"体验。我们只是将你带到了令人兴奋的起点，你可以在此基础上开始进行统计分析。如果你有信心开展统计分析（最好是在阅读本系列工具书第 2 卷、第 3 卷、第 7 卷和第 8 卷之后），那么你可以通过查阅一些在线资源学习本章的相关扩展内容（https：//study. sagepub. com/quantitativekit）。同时，请牢牢记住成为一名合格的数据分析师的基本原则，即"先学会走再学跑"。首先通过查看简单的频率分布和变量之间的关系来与数据打交道，就像在任何友谊中一样，给自己一些时间和数据一起"闲逛"。数据不是孤立存在的。

7.5 本章小结

　　● 二手数据既包括数字（定量）也包括文字（定性）。通常，在社会研究当中，这些数据指的是可获得的调查和官方数据。在 21 世纪，越来越多新的社交媒体也提供了"大数据"来源。

• 本章主要围绕一个基于纵向数据的研究示例展开，通过该示例详细地介绍了进行二次分析的研究人员为实现分析计划而采取的步骤。重点是对选定的变量的质量进行检查，包括评估缺失值、重新编码和生成新变量，以及通过合并数据，探索童年和青少年时期的背景经历对晚年的福祉和认知能力的影响。

136
7.6 致谢

本章是与布赖恩·道金（Brian Dodgeon）合作完成的。布赖恩·道金是英国伦敦大学学院纵向研究中心、社会研究所高级研究人员（www. cls. ucl. ac. uk）。

7.7 拓展阅读

Johnston，M. P. （2014）. Secondary data analysis：A method of which the time has come. *Qualitative and Quantitative Methods in Libraries*，3（3），619 – 626. www. qqml-journal. net/index. php/qqml/article/view/169

毫无疑问的是，随着技术的进步，可用于二次分析的数据范围将继续呈指数级增长。如果你正在着手撰写论文，已有的数据中可用的丰富资源可能会为你提供很多诱人的机会，你可以参考这篇有价值的文章。

MacInnes，J. （2016）. *An introduction to secondary data analysis with IBM SPSS statistics*. Sage.

这本书是约翰·麦金尼斯（John MacInnes，本系列工具书第 3 卷的作者）为那些准备进行二次分析的人编写的一本非常有价值的指南。

第 **8** 章

定量研究的社会情境

本章概要

- 概述
- 社会研究从何而来?
- 价值观问题
- 社会情境中的客观性
- 社会研究的政治立场
- 研究伦理
- 如何判断其他研究的质量?
- 结论
- 本章小结
- 拓展阅读

138 ## 8.1 概述

我们在本书的一开始就指出，社会研究无法脱离其所处的社会和政治环境。社会研究不仅是一种学术研究行为，也是社会行为。我们在研究中选择调查对象的过程就是社会行为，并且研究发现也具有社会效应。那些批评定量研究的人认为，这种社会嵌入性破坏了我们对科学的主张，因为如果研究的每个阶段都受到社会价值观的影响，价值无涉就不可能实现。有时也会有批评者从道德立场出发，认为定量研究反映并进一步促进了霸权社会结构。

在我们看来，这种说法过于简单化。我们认为，研究人员对待受访者的伦理，是定量研究唯一的社会影响因素。尽管研究的伦理很重要，但伦理委员会却持狭隘观点，他们对待研究伦理像对待诉讼一样。这种观点将定量方法视为价值无涉的，对于诸如价值无涉等观点可能会用其他更微妙的术语来表达，但它们说明了关于定量方法与社会情境的立场。对我们来说，价值观问题、社会背景和伦理问题是紧密相连的，在本章中，我们的目标是勾勒出科学研究、社会背景和伦理之间的关系。

在本章中，我们主要讨论三个问题。首先，我们探讨社会研究的社会和政治情境，具体而言就是：社会情境研究如何才能不影响研究的客观性？其次，一旦提出研究问题，我们就会审查研究的伦理问题。最后，我们将政治、伦理和方法论等问题汇总到一份清单中，也即如何评估研究的质量。

8.2 社会研究从何而来？

科学哲学家卡尔·波普尔在授课时常常要求他的学生环顾教室，并说出在一分钟的环视中观察到了什么。正如波普尔指出的，尽管他可能还补充说明了观察的内容仅限于在教室里可以观察到的内容，但毋庸置疑的是不同学生给出了不同的答案，这不仅因为学生们观察的是不同的事物，还可能因为他们在观察事物时存在不同的认知。

　　这是社会研究的一个很好的类比——我们研究的是那些我们感兴趣的事情，或者在我们的认知中被视为优先事项的事情。对于自然科学来说也是如此，一个很好的例子是地质学家对含油页岩的了解比对其他类型的岩石的了解更多，因为自从社会需要石油以来，关于含油页岩的研究一直是地质学的优先事项（Proctor，1991，p. 10）。在社会科学中同样如此。2017 年 12 月，英国 ESRC 的开放课题申请包含以下选题（www. esrc. ac. uk/funding/funding-opportunities）：

> 解决印度抗生素耐药性的挑战
>
> 可持续发展的新模式
>
> 了解东南亚水文气象灾害的影响
>
> 痴呆症研究倡议 2018——预防、干预和护理服务
>
> 气候变化相关议题

　　这些选题并不是 ESRC 在过去、现在或未来给予课题经费资助的全部内容，但它们是 2018 年被优先给予资助的选题，这些特定的研究选题均是围绕环境和可持续发展等主题展开的。ESRC 与英国和其他国家的研究资助机构一样，每年都会提供一系列各种选题，但是均会设置优先资助的选题。曾经设置的优先资助选题包括社会治理、教育和卫生等。事实上，在 20 世纪 90 年代末和进入 21 世纪后的一段时间内，英国的相关机构对社会医学方面的研究给予了较高强度的资助，以至于在某些年份，英国社会学协会中的医学社会学研究专委会（MedSoc）拥有更多的会员代表。在很大程度上，无论是在大型的研究机构还是在对博士生的资助中，都会设置一些优先资助的选题。能够获得资助很重要，因为正如我们在第 4 章中所说的，所有研究都需要研究资源，其中最重要的研究资源就是资金，

用于支付研究团队成员的劳务费用，以及其他合理支出，例如实地调查时的支出。因此，研究什么内容在很大程度上是资助机构的选题建议的结果，而这些被建议的选题是由政府、第三部门和大学高层的一小部分人决定的。我们并不是说这是一件好事或坏事，因为在任何社会中，这可能都是不可避免的——资助的决策必须缩小到那些具有优先等级的选题，这些选题只能由少数人通过广泛征求意见做出决定。

在本书中（实际上是在本系列工具书中），我们将大型数据库的建设称为"策划"，这些数据库不是针对特定的研究问题来"策划"的，它们本身就是研究的资源。这些数据库可能包括人口普查（在很多国家都有）、英国"理解社会"调查、千禧队列研究、劳动力调查和国家儿童发展研究等（详见第 7 章中的研究示例等），以及美国的全国青年纵向研究调查和综合社会调查。因为这些数据库不是为了具体的研究问题而建设的，所以它们可能被认为在科学上更加"中立"，事实上，确实如此。它们可以用来回答各种各样的研究问题，其中一些问题可能会在政治上受到"反对"。但它们并不完全是价值中立的，这些数据背后的调查问卷设计必须由某人或一群人决定提出哪些问题。在一些纵向研究设计中，尽管问卷中的很多问题有连续性，但一些主题（和问题）会随着时间的推移而发生变化。以近几十年来英格兰和威尔士人口普查中询问的家庭可用的某些设施为例。1971 年，受访者被问及家中是否有自来水、烹饪设施、室内厕所和浴室；到 1981 年，只保留了室内厕所和浴室；到 1991 年，这个问题被完全删除，取而代之的是关于中央供暖的问题（详见 Dale & Marsh，1993）。其原因是，在这几十年里，住房条件发生了变化，之前的如自来水、烹饪设施等问题变得无关紧要，因为几乎每个家庭都有这些设施。在撰写本书时，英国 95%[①]的住宅都配有中央供暖系统，因此中央供暖问题也将变得不再那么重要。不过，随着时间的推移，这些设施已成为家庭相对贫困程度的"代表"。

[①] www.statista.com/statistics/289137/central-heating-in-households-in-the-uk.

因此，对每项研究的资助内容和要求都取决于社会情况，而且往往取决于特定的社会政治情况。

社会情境因素不仅会影响到哪些研究主题或领域能够被资助，而且会对测量产生影响，例如我们如何衡量性别（sex/gender）、社会阶层和种族等变量——本书的作者之一也将它们称为社会学变量（Williams，2003），社会学变量的特点是因时而异、因地而异。

就比如长期以来对社会阶层的测量一直存在争议（Payne et al.，1996），因为社会阶层主要代表社会经济地位，所以通常通过职业类型来测量。但是职业能否代表阶层关系和阶层的文化成分？我们不会试图回答这个问题，而只是将其作为社会环境影响测量的一个例子。

在撰写本书时，关于性别测量的争论已经开始（详见 Fugard，2020①；Sullivan，2020）。长期以来，一些社会学家一直指出，生物学上的生理性别（sex）不能反映社会性别（gender）所具有的复杂特征。定量研究人员回应说，男性/女性类别并不是社会性别的测量标准，而只是生理性别的测量标准。此外，目前测量中被分类为男性/女性的生理性别，仍然是预测个体生活机会的重要因素。但关于跨性别测量指标的争论日益激烈，人们呼吁建立第三个（或更多）性别类别。建立第三个性别类别可能确实很重要，尽管它让我们回到了这样的问题：我们是在测量生理性别还是社会性别？从方法的角度考虑，研究者可能更希望进行较少类别的测量，而不是测量更多的具有多个类别的属性（例如种族）。对种族的测量尤其困难，虽然种族是一种属性，种族关系往往是个人客观经历的，但种族认同却是主观的。具有相同背景的两个人可能会认为自己属于不同的种族群体（Williams & Husk，2013）。

部分对于种族问题的测量可以让受访者在较多的种族类别中进行选择。对于研究人员来说，需要进行方法和研究实际的权衡。类别越少越容易进行分析，因为每一类别下的样本量会较为充足；然而，较少的类别对种族的测量效果较差，而较多的类别会产生更好的测量效果，但较多的类

141

---

① 完整的争论可以在这一网址上找到：www.tandfonline.com/toc/tsrm20/23/5? nav＝tocList

别又会导致每一类别下的样本量较小[1]，因而可能不具有统计显著性，这将对分析产生影响（Williams & Husk，2013）。

我们研究的内容、测量的内容以及测量的方式都不可避免地受到社会环境的影响，实际上我们用于分析的统计数据也是如此。尽管特定的统计分析方法在使用时是价值"中立"的，但是我们在选择统计分析方法时是受到社会影响的。在某些情况下，无论你的研究源自何种社会动机或受到何种社会影响，基于同一数据采用不同的统计方法所得出的结果都是相同的。但在其他一些情况下，选择采用哪种统计方法可能也会受到政治立场的影响，例如 logit 模型中的优势比（odds ratio）[2]（详见本系列工具书的第 8 卷）和赫恩斯坦（Herrnstein）与默里（Murray）的钟形曲线的选择（详见 Drew et al.，1995 对此的评论）。研究人员在选择统计方法时更常见的做法是根据统计理论的发展趋势，例如，长期以来数理统计学家和决策分析师一直青睐贝叶斯统计推断方法，但直到最近它们才在社会科学学科中得到更广泛的应用。结构方程模型（详见本系列工具书的第 10 卷）在过去主要由心理学家和经济学家使用，但现在已在诸多学科中得到广泛使用。而判别函数分析（根据一组预测变量将个体分配到不同的结果类别）则在几年前才流行，很少被使用。因子分析（被称为"测量模型"的结构方程模型的一个组成部分）正在得到复兴，因为它可以被用于倾向值匹配（在多变量的基础上创建对照组）和聚类分析（基于变量的"亲密程度"将具有同质性的个体聚类为一组，例如在症状分析中的使用）之中。我们不确定是否应该称这些方法为时尚的，但毫无疑问，当前流行方法（最近的新兴方法，例如机器学习和神经网络）的使用者认为这些方法比

---

① 假设你有一个自评健康状况和种族的交叉表。你进行此分析的目的是了解不同种族群体的自评健康状况是否有所差异。现在，假设某个种族的人口很少，因此表中的一个"单元格"很小，其他单元格中可能有（例如）数百名受访者，而这个单元格仅有四名受访者。问题是这样的，首先，该单元格可能由于太小，无法使任何关联统计测试变得有意义或"具有统计显著性"（将在本系列工具书的第 2 卷和第 3 卷中遇到的概念）。其次，因为这个单元格的人数太少，所以这些受访者的身份很有可能会暴露。我们稍后将讨论这个问题。

② "优势比"是一种优势与另一种优势的比率。任何关系的大小都是通过与 1.0 的差异（任意方向）来表示的。优势比小于 1.0 表示存在逆向或负相关关系。优势比大于 1.0 表示存在正向或正相关关系。

被取代的传统方法更合适。选择不同研究方法的过程也会受到导师与学生的偏好、培训课程和/或其他可用资源的数量和质量的影响。

8.3　价值观问题

到目前为止，我们在本章中已经描绘了一幅定量方法受到非方法论层面的社会情境影响的图景。如果这个论点成立（至少在直觉上成立），那么我们如何才能成为优秀的科学家？特别是，我们怎样才能成为客观的科学家？

资助 X 或 Y、提出特定问题而不是其他问题、以一种方式而不是另一种方式构建问题或选择使用一种分析方法而不是另一种分析方法的决定，都是价值观的问题。价值观常常被认为仅由道德价值观组成，但显然并没有这么简单，将价值观视为一种连续体可能会对我们的理解有所帮助。首先，我们来看受到社会情境影响最小的内容——数字，即统计分析中的数学问题。看起来这些数字结果都是基于概率统计等数学原理得出的，是价值中立的，不受社会情境的影响，但是概率统计本身就有不同的解释对应着不同的数学公理，例如频率分析（用于调查研究）、倾向值分析（用于某些统计方法）以及"主观"解释或贝叶斯估计等（Gillies，2000）。其中频率分析主导了社会科学，这是统计学发展历史上特定事件的结果，但也可能是其他情况。

其次，价值连续体中的另一问题是方法论的价值观，这些价值观导致我们选择是利用一手数据进行研究还是利用二手数据进行二次分析，这决定了我们使用的数据资料收集方法（例如是当面访问还是自填式调查）以及采取的分析策略（在第 7 章中曾提到）。上述决定的做出也可能取决于研究资源，例如时间、金钱或专业知识的限制（详见第 4 章）。

最后，价值观问题还包括研究问题以及支持资助的制度和调查研究主题的政治立场问题。

143　　社会研究中的价值观不是孤立的，而是连续的，通过上述例子我们可以想象出一组价值观如何形塑另一组价值观。一个明显的结论是，价值无涉的主张在表面上看来就很矛盾（因为这种主张本身就是一种价值观的体现），并且道德价值观（通常所说的价值自由）并不那么容易与其他价值观分开。

8.1 社会情境中的客观性

价值观的问题也给我们带来了研究客观性问题。无论是对于价值无涉的支持者还是反对者来说，客观性都被视为社会研究中价值无涉的目标（Williams，2006）。但价值无涉和客观性不是一回事，二者都是不可能实现的。

如果我们将客观性本身视为一种价值，那么这是可能实现的。但这反过来又对我们如何看待社会研究的方法论、政治立场和伦理产生了重要影响。

科学本身是建立在价值观之上的，事实上，如果没有这些价值观的影响，就不会有我们所知的科学。这些价值观包括诸如简洁性（https：//effectiviology.com/parsimony）、一致性、合理性、真实性和客观性等内容，它们是自然科学和社会科学中研究方法的基础。其中，例如对简洁性的追求（详见 Nolan，1997）超越了时间和地点，而对客观性的追求仍然存在时空一致性，但它也具有超越时间和地点的一般特征（Newton-Smith，1981）。

客观性有多种不同的定义（详见 Janack，2002），但大多数定义都有一个共同点，就是希望提供一个不受历史和社会影响的中立的结果。但是，这样做的问题在于它忽略了研究客观性产生的背景。所有研究都有目的，这似乎是一个必要的条件。因此，我们可能会从特定目的出发考虑客观性，这将决定哪些问题或方法是合适的。研究的第二个特征是科学家将观察到的现象视为真实的现象（并认为是因果关系中的结果），这些结果，特别是在社会世界中，将取决于首先提出的问题，因此研究的目的和观察到的现象是相互联系的。最后，对真理的探索，即希望真理与现实相一致，是一个超越一切社会情境的目标，但对真理的探索过程是由社会情境决定的（Williams，2006）。

从社会学的角度对客观性的理解是，它是一种本身超越时间和地点影响，但又在时间和地点情境下运作的价值。如果研究的重点是健康和疾病的社会因素以及决定因素，就需要选择合适的调查问题和方法；如果优先考虑的是环境因素的影响，那么调查的问题和方法可能会有所不同。虽然我们的研究从价值观开始，并且价值观的影响贯穿整个研究过程（Longino，1990），但是客观性对于良好的科学研究来说仍然是可能和必要的。阿尔文·古尔德纳（Gouldner，1973）对此进行了简洁的总结：

> 医生并不一定因为对病人做出了盲目的承诺而变得不那么客观。医生的客观性在某种程度上得到了保证，因为他致力于一个特定的价值观：健康。（p.58）

8.5　社会研究的政治立场

如果研究的客观性是嵌入社会之中的，研究方法的选择也是在社会情境影响下进行的，那么这是否意味着，就像马路上的出租车一样，研究人员可以在那些不同的研究课题中任意选择（这些研究课题可能是由持有某种政治立场并掌握研究资源的人设立的）？只要研究者孜孜不倦地寻找真理并坚持我们上面指出的科学的价值观，他们就可以不用对研究内容产生任何道德或伦理困惑吗？由此是否可以得出结论，客观性甚至可以从那些背离道德或伦理的研究问题中得到？

回答这些问题很复杂，因为有的研究问题对某个人来说是存在道德问题的，但是对另外一个人来说就是合适的研究。除此之外，研究过程中还存在着权力关系。我们使用的"研究人员"一词是相当简单的一种表达，它模糊了资历与其他细微差别（例如性别和种族）之间的区别。本系列工具书各卷目的作者大多数是终身教授，在某种程度上能够基于政治、道德和方法论的理由选择他们想从事哪些研究，尽管他们也必须寻求课题资助等。换句话说，他们可以自由地（尽管不是完全自由）行使公民的选择权，为他们作为科学家所做的研究提供支持。但职业生涯早期的研究人员，刚获得博士学位，可能要养活一个年轻的家庭，选择机会较少，可能会妥协，去做那些终身教授不愿意承担的研究。

在西方国家，这些选择很少是在有问题的道德价值观的基础上做出的，受资助的研究很少是在种族主义、性别歧视或恐同症等问题上提出自己的研究的。实际上，问题往往在于研究人员无法研究那些他们认为重要的主题，很多时候，这是一种不作为的政治，而不是委托的政治。这种筛选通常从博士研究层面就开始了，多名申请人可以申请在任何大学攻读博士学位，并且每个申请人有同样的资格和积极性，从概率上来说，他们可能有同样的录取机会。但成功的申请人往往是那些提出与目前受欢迎的研究项目相关的主题的人。事实上，许多研究项目组都会把自己的研究主题融入对博士招生的要求中，申请人必须选择申请研究该主题。

有时，引起政治争议的不是研究主题本身，而是研究的资金来源。例如，历史上（尤其是在美国）军方出于自身目的资助过社会研究，其中一些研究被社会科学家视为不道德的（Horowitz，1967）。但是，一些由军方资助的研究也产生过一些独特的见解，例如社会学家塞缪尔·斯托弗（Stouffer，1949）的研究，他在第二次世界大战后不久与美国军队一起进行了组织研究，这为我们更一般化地理解组织结构产生了深远的影响。

有时，那些不道德的研究带有明显的政治立场，一些研究发现可能是通过有缺陷的方法过程或对结果的解释/选择得出的。

彼得·桑德斯（Saunders，1990）的住房所有权研究就是一个很好的例子，这项研究在当时颇具争议。桑德斯在社会学家中属于政治"右派"，他声称自己的工作旨在对抗左翼学术正统观念（p. 7）。他主要感兴趣的是住房所有权的增长对个人和英国社会的影响，他最初的结论是，这总体上是一件好事。

他的研究基于一项调查数据，调查对象为居住在三个工业城镇和三种类型住房中的 450 个家庭的成员（522 人）。这些住房都处于低端市场，其特点是近期购买者占多数，尽管大约三分之一的样本是公共住房租户。他的结论支持了他关于住房所有权有好处的初步观点，特别是拥有住房所有权后参与当地组织的可能性更大，并且总体上有更高的社会参与度，拥有住房所有权可以获得安全感，更重要的是，房主通过购买房产获得了可观的收益，这将对英国的财富分配和生活机会产生重大影响。事实上，他的结论是，应该进一步鼓励拥有住房，以防止无房者陷入边缘化的下层阶级，只有通过获得住房所有权，这些群体才能摆脱对国家的依赖，成为参与市场的积极公民。

菲奥娜·迪瓦恩和苏·希思（Devine & Heath，1999）对桑德斯的研究提出了一些批评，有些批评是方法层面上的，有些批评认为桑德斯在未经数据证实的条件下提出了错误的主张和立场。在方法层面的批评首先是只选择三个工业城镇，而不是全国样本，这些城镇不具有代表性，因此将结论推广至英国全国是没有根据的。其次，样本量太小。这在多变量分析 *146* 中会出现单元格较小的问题（见上文），并限制了检查多个变量之间的关联，从样本统计数据到总体参数的估计也不精确，也即样本中存在的显著性差异可能无法表明总体中的真正差异（Devine & Heath，1999，p. 95）。最后，无回答率很高，并且可能影响了研究结果。

针对第二个问题的批评涉及桑德斯的整体观点，特别是房主获得的财产优势，在各阶层之间的分布并不是平均的，从桑德斯的数据中可以明显看出，中产阶级的受益是不成比例的。他们还注意到了那些本应进行但未进行/呈现的分析。桑德斯对房主和房客的态度和行为进行了比较，那么这两类人在性别、年龄、种族、就业状况和职业阶层方面有何差异就是需要关注的（Devine & Heath，1999，p. 101）。

在某些方面，桑德斯的研究（Saunders，1990）是一个容易被攻击的目标，因为与其他研究人员不同，他的研究的方法是透明的，尽管他是从意识形态立场出发的，但他的研究在方法上的弱点和随之而来的夸大其词破坏了他最初的立场。此外，这个例子特别有趣的地方是，许多人现在认为，以牺牲公共住房为代价来扩大住房所有权，严重破坏了社会团结（Jacobs et al., 2003）。因此，更多的当代研究是以完全不同的意识形态前提展开研究的。

虽然意识形态不可避免地影响着我们的研究，并且常常影响的是我们的研究动机，但它不一定是影响我们的方法和结果的决定因素，对真理的探索将使我们采取最有效的方法来检验我们的理论。在桑德斯（Saunders, 1990）的案例中，要么是他的研究在方法上存在缺陷（对于这样一个经验丰富的研究人员来说不太可能），要么是他为了找到支持他的理论猜想的证据而错误地使用了一些方法。如果采用其他更严格的方法，特别是在抽样方法方面，就会产生不同的结果。

8.6 研究伦理

人们或许可以将对真理的追求视为科学的关键伦理，但在社会科学中，正如我们已经指出的，这将不可避免地受到社会情境的影响。除了复杂的意识形态因素需要考虑之外，学术界对我们应该研究什么和不应该研究什么的伦理准则已基本达成共识。例如，大多数研究人员认为，为烟草或军工企业进行的研究或由烟草或军工企业资助的研究是不符合研究伦理的；对弱势群体和儿童的研究虽然并非不可能，但由于这些群体会受到一些保护，所以通常会对研究产生许多限制。

147　　许多专业机构（例如英国的社会研究协会、英国社会学协会和美国心理学会等）发布了他们期望其成员遵守的研究伦理准则。这些伦理准则尽管很少或根本没有涉及前述社会动机或意识形态等内容，但在关键伦理准则方面往往具有共同点，这些伦理准则通常也是大学伦理课程的基础。在这些伦理准则中，我们前面讨论的政治立场和意识形态问题往往是隐含其中的，伦理问题主要涉及受访者。大多数伦理准则阐述了有关研究人员和受访者/参与者关系的四项关键伦理。

避免伤害：研究会对他人产生什么影响?

任何研究行为都会产生一些社会结果，尽管这些结果大多是良性的，但也有些研究会产生不良的社会结果，心理学、人类学和社会学领域都有许多这样的例子——这些研究的初衷是好的，但对参与者或碰巧在附近的其他人产生了严重不良影响。对于调查研究人员来说，不良影响很少见，但并非不存在。1997 年，伍尔弗汉普顿大学和伯明翰大学的研究人员被迫放弃了一项研究创伤后应激障碍的调查。这项研究通过给邓布兰的居民发放自填问卷进行数据资料的收集，因为几个月前，那里的一些儿童在当地学校被枪杀①，对他们进行调查不可避免地会带来痛苦的回忆，因此研究人员后来撤回了问卷并道歉。

在设计调查问卷时，我们应仔细考虑特定问题可能对某些群体产生的影响，例如，与宗教信仰和宗教活动相关的问题或其他非常敏感的问题。

但研究人员遵守伦理的义务并不仅限于在研究的设计和执行阶段，关注研究结果将被用于什么以及它们是否会被滥用也是重要的一项伦理义务。显然，研究人员无力阻止其他人断章取义，或故意曲解或歪曲他们的发现。但是如果某个研究的发起人有特定的意识形态目标，那么我们可能不会对他们利用研究结果来推进该目标感到惊讶。除此之外，在可能存在统计不确定性的情况下，清晰地呈现研究结果，可以在一定程度上减少误解或误述，例如，对研究结果进行如实的评估比夸大其词更安全!

避免欺骗

在什么情况下研究人员可以欺骗他人? 因为研究人员是科学家，所以他们对研究领域的了解不可避免地会比外行人多。例如，在大多数调查中，没有时间也没有受访者会欢迎你对调查内容进行详细解释;然而，在

---

① 来自 1997 年 1 月 15 日《卫报》的报道。

大多数情况下，通过书面或口头介绍（取决于数据收集的方式）解释研究内容是常见的、正确的和适当的。这通常可以用几句话来完成，最近很多研究人员会在网站上提供更多详细信息。在调查中，测量看法、信念和态度的方式，也许是通过量表进行的（如第 7 章关于认知功能和幸福感的评估所示），这是一种温和的欺骗形式，但如果这不会导致心理伤害，那么它就是合法的。

隐私保护

在定量研究中，隐私问题主要指在调查执行时可以收集哪些数据以及调查后谁可以访问这些数据。在某种程度上，受访者的隐私权受到法律的保护，例如英国的《数据保护法》或美国的《信息自由法》等。

那么，会出现哪些类型的有关隐私权的问题呢？长期以来，在调查研究中一直存在一种匿名的习惯。大多数的社会调查会在开头或结尾做出匿名性的保证——声明收集的数据将仅用于统计分析，并且不会识别受访者的身份。大多数高校等机构在存储和允许其他研究人员访问下载后续数据时都会做出此类说明。

隐私权更容易被一些意外而非研究设计侵犯，尤其是在调查中。调查数据通常是匿名的，但这只意味着无法从分析输出的结果中辨别受访者的身份，而调查过程本身并不是匿名的。不幸的是，交叉表中那些样本量特别小的单元格有可能泄露一个人的身份。例如在交叉表中，有第三个或更多控制变量，你可能不是通过整个样本的种族和自评健康状况两个变量进行简单的交叉表分析，而是想要检查它们与生物性别和/或居住州或县等具有多个类别的变量之间的关系，这就可能导致出现很小的单元格。本书作者之一（马尔科姆）利用英国纵向研究办公室的数据对英格兰和威尔士的独居问题进行了研究（Ware et al.，2007），该数据包含 500 000 个个案的纵向人口普查记录，这可能是世界上最大的数据之一。他利用该数据导出了一个包含 12 个分类的家庭结构变量，但是当将该变量与之前选择的另外两个变量进行交叉表分析时，表中的一个单元格中的人数实际上不足 5 人！

官方调查和人口普查常常费尽心思对数据记录进行匿名化（Dale & Marsh，1993，pp. 119 - 125），有时他们坚持对利用相关数据的所有出版物进行检查。例如上面所示的例子中，交叉表中呈现的数据少于 5 人可能会受到"抑制"，因为这可能会泄露受访者的隐私，其他人可以根据行数和列数计算单元格中的数字并且进行猜测，这相当容易。

而如果是一项规模较小的调查，因为总样本量（N）只有几百个案例，上述问题就更加重要。这可能对社区研究会产生特殊的影响，无论是地理上的社区还是兴趣社团。例如，某项研究对罕见疾病患者（或护理人员）的支持小组进行数据资料收集，而其他人通过数据识别该小组的成员并不困难。

知情同意

知情同意原则和避免欺骗在某种程度上是相关的。虽然知情同意并不意味着受访者需要对研究有详细的了解，但是在接受调查之前，受访者有权利充分了解研究的目的以及他们的数据会被用来做什么。在大规模策划的调查中，例如英国的"理解社会"调查，收集来的数据将主要提供给二次分析研究人员用于多种目的的分析，这与关于对建设新机场的态度的一次性横截面调查是不同的。因此，数据存储、披露规则、匿名和仅由经过批准的人员进行安全访问成为非常重要的问题，实际上，受访者信任研究人员能够把这些事情做好。近年来，不同数据的合并在技术上成为可能，如个人调查数据与官方统计数据（或其部分）中同一个人的记录进行匹配，这已成为一个更加关键和有争议的问题（详见 Calderwood & Lessof，2009；Meyer & Mittag，2019）。同样，一些队列研究（例如英国千禧队列研究）收集生物和遗传样本（Joshi & Fitzsimmons，2016）也备受争议。

有时，尤其是在对数据进行二次分析或将数据重新用于其他研究时，并不总是能够获得受访者的同意。英国数据服务局对此提供了一些具体指南，因此如果要在未经知情同意的情况下进行研究，需要做到：

- 研究必须具有明确的价值和益处。
- 没有其他可替代的研究设计可以达到相同的结果——也就是说，不

150

得不对受访者进行欺骗或缺乏他们的知情同意。

● 对受访者没有伤害或伤害的风险非常小。

英国数据服务局在其网站（www.ukdataservice.ac.uk/manage-data/legal-ethical/consent-data-sharing/surveys）上提供了详细的信息和资源，可用于一系列定量研究，包括知情同意书和知情同意声明。还值得阅读的资料是国家社会研究和欧洲社会调查中心前主任罗杰·乔威尔撰写的关于统计伦理法典编纂的开创性文章（Jowell，1986）。

8.7 如何判断其他研究的质量？

这是研究伦理和文献回顾存在联系的地方！质量较差的研究会优先选择那些早期的研究，用于寻找哪些研究有利于自己的理论立场，如果不利于自己的立场，则会证明那些研究是糟糕的或对那些研究进行有偏误的解读。质量较好的研究会对以前的研究进行筛选，寻找最全面的、方法最稳健的研究。在定量研究中，质量较好的研究需要有足够大且具有代表性的样本量，经过严格的预调查、管理和测试的高质量数据收集工具（例如调查问卷）。可能没有哪种分析形式是合适的，但仍然可以检查分析的适当性。

是否选择了正确的因变量和控制变量？统计分析和结论能否得到数据支持？数据分析是否具有统计显著性？如果使用多变量分析，那么诸如优势比或拟合优度［一系列用于评估观察到的（原始）数据与基础统计模型预测值的接近程度的各种统计量］等内容是否得到了正确解释？这些分析是简约的，还是使用了极其复杂的方法？研究人员是否选择性地报告相关结果？换句话说：研究人员是否通过折磨数据来得出结果！

评估他人研究工作的质量可以使我们成为更好的研究人员，因为它可以提醒我们研究的政治立场和方法基础，帮助我们避免这种陷阱。而且，在文献回顾期间对研究进行评估也可以帮助你做出关于是否引用或复制该研究中的部分内容的决定，例如其抽样策略、调查问卷设计或分析方法。以下是评估其他人的研究时需要注意的一些事项的清单。

知识卡片 8.1 研究质量检查表

- 谁资助了这项研究以及研究问题的起源是什么？
- 可能是反事实的问题吗？换句话说，这项研究是为了证明一种立场或现象吗？
  - 谁将是该研究的受益者？
  - 实地调查的进行是否符合伦理准则？
  - 抽样策略是否充分反映了总体构成？
  - 进行了哪些类型的调查（例如当面访问、在线或电话调查)？
  - 开展了哪些预调查？
  - 问题是否有信度和效度？
  - 是否遗漏了重要问题？
  - 对数据质量进行了哪些检查？
  - 无回答的程度和性质如何？
  - 项目无回答的程度如何？其中有什么规律吗？
  - 是否使用了加权或插补等策略？
  - 研究人员的分析方法是否合理且适当？
  - 分析结果是否支持所得出的结论？

除了那种大型研究之外，对于大多数研究来说，很难回答上述所有问题。数据库建设通常需要其中一些信息，但由于版面等实际原因，期刊文章本身很少会提供这些信息，但它们可能会提供数据、研究方法、分析和检查策略以及数据源本身。[①]

近年来，出现了许多类似的举措。其中大部分的努力是开放科学运动

---

① 许多期刊现在要求将数据和工具以及学术文章中引用的数据和工具提供给读者。这可能包括匿名数据文件、代码本和调查问卷。

的一部分。开放科学运动不是一个单一的组织，而是为了让科学研究不仅对其他科学家开放，而且面向广大公众开放。开放科学运动的原则是什么及其性质是不同学者争论的焦点（Fecher & Friesike，2014），不同立场的学者主张不同的开放内容，例如开放数据、知识、测量、对策等。尽管近年来这一运动势头强劲，但开放科学的历史可以追溯到更早的时候。在

152

20 世纪，卡尔·波普尔（Popper，1966）将开放科学视为一个通过发现和解决问题而发展的开放社会的基石。海伦·朗吉诺（Longino，1990）的著作以女权主义经验主义为基础，她将科学界视为真理的仲裁者。事实上，我们所说的"情境客观性"也需要意图、数据和方法的透明度。

对于定量研究人员来说，这在实践中意味着什么？对于已经发表的研究结果的开放获取势头尤其强劲。传统上，阅读期刊上的学术论文需要订阅期刊，现在更常见的是只有付费才能查看文章。但现在一些资助机构要求通过"开放获取"让所有人都能查阅，实际上，这意味着研究人员或其组织支付出版费，以便读者可以轻松下载论文。

8.8 结论

所有科学都是嵌入社会情境之中的，科学本身就是一种社会产物，尽管其结果可以超越特定的社会情境。对于社会科学研究来说，这更是一个挑战，因为研究人员是他们所研究的社会情境的一部分，也就是说，研究人员所提出的问题大多来自他们作为社会行动者的社会，所提出的问题不可避免地具有政治或意识形态的立场。但这并不意味着客观性是不可能的，客观性虽然存在于社会情境中，但可以通过良好的科学方法超越社会情境。好的科学研究也应该审查其他研究，仔细检查其他研究人员如何处理他们的数据并得出结论是成为社会研究人员的过程中很有价值的一部分。

对于社会研究人员来说，他们开展科学研究的"材料"是人本身，这限制了可以进行什么样的研究以及如何进行研究。社会研究的伦理有广义

和狭义之分。广义而言，社会科学家将对可以进行什么样的研究、如何获
得资助以及谁将从中受益等问题设定伦理限制。狭义的含义是，在数据收
集层面，数据来自个人，他们有决定是否提供自己的数据的权利。

8.9　本章小结

● 几乎所有的研究都会受到伦理和政治立场的影响。此外，我们认为
不存在价值无涉的研究。这些内容是相互关联的，在本章中，我们讨论了
三个重要问题：第一，我们分析了社会研究情境的问题，例如优先研究的
选题和资助制度。

● 第二，研究虽然必须从价值立场出发，但仍能保持客观。这会对研 *153*
究伦理以及研究人员在研究时的道德和责任产生影响。

● 第三，本章提供了一些关于评估研究质量的简短建议。

8.10　拓展阅读

Letherby，G.，Scott，J.，& Williams，M.（2013）.*Objectivity
and subjectivity in social research*. Sage.

关于客观性和主观性的大部分文章都有些简单化。如果你想了解更细
致的内容（即三个相似但不同的观点之间的辩论），你可以阅读上面的
书籍。

Hammersley，M.（1995）.*The politics of social research*. Sage.

虽然很多教科书都会讨论研究的伦理问题，但很少有详细讨论研究的
政治立场问题的教科书。然而，社会研究已经变得政治化，马丁·哈默斯
利（Martyn Hammersley）在该书中问道：我们必须在政治立场和价值自
由之间做出选择吗？

第9章

结论与展望

恭喜你已经完成了定量研究的启航之旅！本套"SAGE 定量研究系列工具书"的后续各卷目都将建立在本卷所奠定的基础之上，以便你加深对成为定量社会研究人员的理解。接下来，我们将回顾一下你在前面几章中学到的内容。在第 1 章中，我们设定了这样的场景：社会研究是一个宽阔的殿堂，其中研究问题可以从简单到复杂，就像我们为了得出可信的证据而使用的工具（技术）一样，我们对工具的选择将基于我们的方法论基础。人们很容易认为定量研究和定性研究的区别在于数字和文字之间的差异，但这会忽略二者的许多微妙之处。我们在定量研究中生成或使用的数字不像呈现出来的那样简单，而是经过精心设计的文献回顾，以及决定是否进行一手数据收集或二次分析、决定使用何种收集数据的方法和决定如何编码共同作用的结果。就数字本身而言，数字是没有意义的，直到研究人员提供进一步的信息以将各种数字定位为确定变量的值，再应用统计技术分析某些所谓的模式、变量之间的关系和进行总结时，那些统计结果中的"数字"才会有一些特殊的角色。这一阶段的统计分析包括描述和解释，可能还包括从简单描述到复杂分析之间的不断重复，为我们后续的分析提供"种子"，因此对你的发现进行良好的解释变得非常重要。你需要根据数据分析结果，并遵循一定的逻辑，采用良好的文字表达来进行写作。一旦你的文章被接受，无论是预印本还是同行评审的期刊，抑或以其他形式发表，你就对它失去了控制权，从那时起，你所创造的知识开始变成共享给人类的智慧。定量研究的核心是描述和解释，它们有可能是因果解释和预测。关于如何进行定量研究，没有灵丹妙药，重要的是要对你的研究的科学性、你的研究问题的基础、你对研究方法的选择以及那些支持你的论点的经验证据和解释充满信心。

后续的 10 卷工具书均以定量研究的设计、实施和分析为基础。特别是第 2 卷到第 6 卷，将重点关注定量研究中一些进行初步分析的基础知识，假设你已经掌握了一些数据处理和数据分析的知识，这几卷的内容将进一步强化你进行定量研究的能力。第 7 卷到第 10 卷的内容也反映了统计上的"进步"是一些进阶性的内容。第 11 卷主要围绕那些不需要通过传统数据资料收集方法获得的"大"数据。新的数据来源和数据类型给数据分析工作带来了新的挑战。以下是本卷中每一章如何为后续各卷充当"索引"的概括性描述，但并非所有章节都直接针对特定卷。本卷中有些内容是独立的（仅出现在本卷之中），而另一些内容则会出现在后面的不止一卷中。在前面的章节中，我们已经进行了一些提示（如会说明可以详见第几卷的内容），就像完成了一些路标的设置。但现在我们将这些内容整合在一起，作为你余下的定量研究旅程的"路线图"。本章最后也会对本系列工具书中的每一卷进行正式的介绍。

我们希望第 2 章能吸引那些欣赏跨学科研究优势的人，因为对于定量研究人员而言，我们的研究通常来源于一个问题而不是一门学科。我们通常用研究假设的形式表达研究问题，并且这些假设可以通过经验分析进行检验，但请记住我们所追求的不仅仅是收集经验证据。此外，我们的研究也不仅仅是"以问题为导向"，理论在我们研究策略的制定中发挥着重要作用。定量研究中的理论也并不是"宏大理论"，而是具有可检验性的理论。当我们走下抽象的阶梯时，我们会进一步区分变量和个案。在定量研究中，变量无处不在，它们一直"突然"出现在研究中，不同的变量也具有不同的特殊的地位，如预测变量（自变量）、结果变量（因变量）、混杂

157

变量、中介变量或调节变量。而个案通常是由那些可操作化的变量组成的个体，一般来说，个案是你的分析单位，它可以是一所学校、一个社区或者是个体本身。第2章的内容为后续章节奠定了基础。除了研究问题的可操作性之外，我们还必须考虑你的研究调查在多大程度上是描述性的、解释性的或两者的结合。朱莉·斯科特·琼斯（Julie Scott Jones）和约翰·戈德林（John Goldring）撰写的第2卷提供了描述性统计的内容，能够让你对数据有更深的理解。约翰·麦金尼斯撰写的第3卷阐述了统计推断和概率应用的含义。本书的第2章指出，解释更多时候是关于因果关系的解释，我们了解到因果关系这个词对于不同的研究人员来说可能意味着不同的事情，我们不会回避这一问题，因为你可以将本书中提出的一些观点和马修·麦克比在第10卷中对因果分析的内容进行对比。

如果不考虑篇幅的问题，那么第3章关于文献回顾与荟萃分析的内容是可以与第2章合并的，因为进行文献回顾和完善你的研究问题是一个循环往复的过程。通常，我们会感觉文献回顾永远不会穷尽，因为一些新的研究可能会在你已经完善自己的研究后才出现，这中间总会出现时间差。

158 但从很多方面来说，第3章的内容也是独立的，虽然后面没有特定的卷目来专门探讨文献回顾，但这并没有削弱它的价值或重要性。我们要强调的是，本卷中讨论的其余内容——研究设计、抽样设计、数据收集方法、研究的伦理和制订分析计划等——都可以通过对文献的有效回顾得到强化。围绕这些具体内容展开的其他卷目也认同这一观点，例如简·艾希霍恩（Jan Eichhorn）撰写的第4卷《调查研究和抽样设计》，塔拉尼·昌多拉（Tarani Chandola）和卡拉·布克（Cara Booker）撰写的第5卷《二手数据分析》，以及巴拉克·阿里尔（Barak Ariel）、马修·布兰德（Matthew Bland）和亚历克斯·萨瑟兰（Alex Sutherland）撰写的第6卷《实验研究设计》。此外，对文献进行系统评价和荟萃分析的能力在某些时候也会增加你的研究技能。

第4章的内容包括描述和解释、因果关系解释和意义的找寻，以及德沃斯提出的四种研究设计：（1）横截面研究设计；（2）个案研究设计；（3）实验研究设计；（4）纵向研究设计。针对每种研究设计都有相应的卷目进行详细的讲解。第 4 卷介绍了横截面研究的设计，第 5 卷介绍了这些横截面数据作为二手数据的使用，第 2 卷和第 3 卷介绍了相关的数据处理和统计推断。个案研究可以很好地补充横截面研究设计，可以对个案中的许多变量进行深度分析。在阅读文献时，你必须准备好会遇到上述这些设计，并记住这些研究设计类型并不总是相互排斥的。实验研究设计是定量研究人员努力捕捉因果关系的核心，其起源于自然科学，巴拉克·阿里尔及其同事撰写的第 6 卷深入地对实验研究进行了介绍，并提供了丰富的研究示例，该卷可能会更吸引对犯罪学感兴趣的读者。如今，一些实证研究和政策干预的评估研究已经采用了随机对照实验，然而，虽然随机化理论是我们建立因果关系的基础，但在关于人的研究中往往很难实施。我们在第 7 章以及随后的第 3 卷、第 5 卷和第 9 卷中介绍了一项纵向研究设计。第 4 章最后重点介绍了广义上的研究资源，包括时间、精力、人力资源、可用数据和计算机能力等，因而进行课题规划和预算编制是你需要培养的另一项能力。

　　第 5 章主要是关于抽样设计，简·艾希霍恩撰写的第 4 卷也是关于抽样设计的。第 5 章主要从一些基础知识开始，包括数据统计基础、概率以及设计抽样的各种方法和手段。要避免将那些通过现代而先进的技术获得的概率样本作为评估抽样的"金标准"。无论你是自行设计调查，还是使用现有的调查数据，你都需要能够批判性地制定和评估抽样设计。第 6 章自然是第 5 章的延伸，并且是第 4 卷的基础。该章主要介绍了调查问卷设计、测量和评估问卷中的问题等的重要性。评估调查问卷的关键是信度和效度的评估。问卷质量关系到测量的内部属性，而抽样设计的质量则关系到能否进行推论。

159

　　第 7 章是向读者展示如何使用主流统计分析软件 SPSS 的一章。该章基于一项纵向调查数据研究人们的晚年福祉。在这里，我们利用真实的调查数据展开介绍，以使读者在进行任何其他分析之前意识到数据管理的必要性。该研究示例通过使用童年和青少年时期的变量来说明纵向研究的用途，通过这种方式，我们可以认识到这样一个事实：像"幸福感"这样的变量不仅受到当前的变量的影响，而且会受到过去的一些变量的影响。当你开始阅读彼得·马丁（Peter Martin）撰写的第 7 卷和第 8 卷及后续内容时，你将了解统计分析方法（如多元回归），这些方法为研究儿童和青少年时期变量对晚年福祉的影响提供了可能。第5卷还继续使用已有的二手数据（调查和官方统计数据），并使用 STATA 和 SAS 等统计分析软件。

定量研究并不是与世隔绝的，所有的社会研究都深深地嵌入社会情境中，社会情境影响了我们作为研究人员的存在、兴趣、愿望和动机。第8章主要介绍了社会情境和研究的客观性之间存在一定张力的问题。在我们努力从事价值中立的研究的过程中，客观性最好被视为与真理、理性、简约和一致性并列的一种价值观，这些价值观共同影响着我们在研究中的一些选择，包括选择研究什么、选择收集和分析数据资料的方法等。研究计划中的内容以及可以获得资助的内容还必须在哪些研究可以优先进行的政治背景下进行审视。不应让这些社会和政治带来的影响阻止我们开展研究，而应以符合伦理的方式开展研究。该章还提出了一个框架，使你能够批判性地评估其他人的研究质量以及对自己的研究进行自我评估。就这一点而言，该章为第5卷的内容铺垫了相关基础，并使你能够充分利用你的数据（第7卷、第8卷、第9卷和第10卷的内容）。还要记住，要在社会情境中检查对统计方法的选择。

160　　　统计学是定量研究的核心。统计学主要关注如何从样本推断到总体以及如何揭示变量之间的关系。本系列工具书的大部分内容都与一些分析方法有关，并且都是统计分析方法。本系列工具书就像一列缓慢驶出站台的火车，以环环相扣的方式介绍定量研究的内容。第2卷将指出简单的描述性分析如何帮助你探索数据，第3卷将介绍如何做出可推论的陈述或检验假设，第4卷将介绍抽样设计，第5卷将教会你使用二手数据。第5卷基于我们觉察到越来越多的社会研究是根据以前收集的数据进行的，这些数据可能来自大规模的横截面调查、定期对同一人群进行追访的面板研究或官方统计数据，例如人口普查数据，这些数据提供了分析大样本的机会。在第7卷中，彼得·马丁介绍了统计建模的基本思想，其中我们将遇到多元回归模型。现在请你想象一下，在这个时刻，火车暂停了行驶并在一个主要的交汇处等待，然后进入一个难度梯度稳步增加的世界和更茂密的知识森林，这些知识森林与铁轨共存，作为新的起点。第8卷扩展了回归模

型的覆盖范围，不再假定因变量为连续的变量，而可能是分类的（二元或多元）或计数变量。在定量研究这趟火车最近停留的车站（第 9 卷），D. 贝齐·麦考奇（D. Betsy McCoach）和达科他·W. 辛特伦（Dakota W. Cintron）将邀请你了解有关统计模型的更多内容，这些模型使你能够正确考虑分层或集群数据（也称为分层线性建模或多层次建模）和结构方程建模，结构方程模型可以容纳两种测量模型（通过多个指标或项目来操作概念）及其彼此之间的结构关系。这两种方法都建立在彼得·马丁早期著作的基础上，可以被认为是回归模型的扩展。在第 10 卷中，麦克比将我们又带到因果关系领域，并提供了很多关于利用 R 语言实现因果分析的内容。我们即将到达最终目的地，但没有时间打瞌睡或欣赏风景，在最后一卷即第 11 卷中，布赖恩·卡斯泰拉尼（Brian Castellani）和拉吉夫·拉贾拉姆（Rajeev Rajaram）将数据挖掘的相关内容呈现在你的面前，在这个世界中，数据是通过我们日常生活中的痕迹生成的，而不是通过传统的调查等生成的。近年来，新技术为通过使用推特和脸书等新通信方法从日常互动中收集大量数据的研究提供了新的机会。第 11 卷介绍了一系列在大型复杂数据中进行数据挖掘的技术。接下来是每卷的正式介绍，然后是一个对照表（见表 9 - 1），该表将本卷中的每一章与后面的卷目联系起来。

知识卡片 9.1　第 2 卷至第 11 卷的正式介绍

在第 2 卷中，朱莉·斯科特·琼斯和约翰·戈德林提供了有关如何描述数据以及如何开始探索数据的基础知识的简单易懂的介绍。和上一卷一样，我们用真实的例子来展示我们如何"用数据讲故事"。

约翰·麦金尼斯所著的第 3 卷介绍了数据分析中一些最重要的概念，这些概念为后面更多的关于统计分析的卷目提供了一些基础知识，包括："客观"和"主观"形式的概率意味着什么？概率思维如何转化为可检验的统计假设？我们如何从数据中推断以及如何从观察到的效应中推断因果关系？最后，他强调了社会研究中可重复性的重要性。

第 4 卷由简·艾希霍恩撰写，涉及调查和抽样。通过大量研究实例，该卷解释了抽样的理论和实践、问卷设计以及如何检测问卷。

在第 5 卷中，塔拉尼·昌多拉和卡拉·布克描述了二次分析和档案研究的含义及其优缺点，以及如何选择数据。他们带领我们踏上从这些最初选择开始的旅程——如何将想法转化为研究问题，如何选择和管理数据中的变量，以及如何描述和呈现数据。

第 6 卷由巴拉克·阿里尔、马修·布兰德和亚历克斯·萨瑟兰撰写，主要在犯罪学背景下详细描述了随机对照实验和其他实验方法。他们仔细讨论了这些方法的优点和缺点，并就如何设计和进行实验提供了实用指导。

彼得·马丁撰写的第 7 卷是向读者介绍统计建模的两卷中的第一卷。整个方法的重点是鼓励读者培养建模思维，并将统计模型的选择视为寻求最适合当下任务的技术的过程，而不是一份"食谱"。本卷的内容始于对线性和多元（线性）回归的作用和目的的全面介绍。下一卷拓展了分析的视野，让我们了解在不同的测量类型下可能存在哪些合适的模型。

在第 8 卷中，彼得·马丁带领读者超越线性回归，开发适用于因变量是分类变量或只是计数变量的建模技术。这些非线性模型应用阐明了分布假设来构建一般线性模型的框架。

第 9 卷由 D. 贝齐·麦考奇和达科他·W. 辛特伦撰写，以前两卷中涵盖的回归建模为基础，介绍了两种现代建模技术。首先是多层次建模，其中数据被认为是聚类或分层的（在教育研究中，学生"嵌套"在学校内）。其次是结构方程建模，它结合了测量建模和回归来定义结构关系中的线性和非线性路径分析（用统计关联的图形表示）。这些技术在纵向数据的背景下都得到了扩展和组合。

马修·麦克比所著的第 10 卷带领读者超越了被视为"金标准"的随机对照实验，并建立了一系列统计方法进行因果推断分析，同时提供了大量利用 R 语言进行分析的示例。经济学、流行病学和政治学研究不再依赖于随机对照，其中包括断点回归设计、倾向值匹配、工具变量和反事实分析等。他还向读者介绍了有向无环图的使用，作为选择合适的控制变量的一种方法。

在第 11 卷中，布赖恩·卡斯泰拉尼和拉吉夫·拉贾拉姆介绍了当前利用社交媒体数据研究和数据挖掘的"热门话题"。我们经常听说"大数据"，但研究人员如何分析和管理它？正如两位作者所解释的那样，这需要一种新的方法来思考数据——"复杂性"，这反过来又引导我们找到新的分析方法和在已有方法上得到的创造性方法。

我们建议你按顺序阅读第 2 卷到第 8 卷。随着你对统计方法的兴趣的发展，对于剩余的卷目，你可以根据自己的兴趣决定阅读书序。你可以重新回顾本卷中的章节，以便选择合适的卷目。表 9-1 可以提醒你本卷中的每一章与第 2 卷到第 6 卷及其对应的统计软件之间的联系。表 9-2 主要展示了不同卷目之间的关系（第 7 卷及以后）。

表 9-1　　　　　　　　　　　　　　本卷的章节和后续卷目的联系

章节	卷目	统计软件
1 本书简介	本系列工具书的先导	/
2 研究的开始：从研究问题到变量	本系列工具书的先导，尤其是对第 3 卷、第 4 卷、第 7 卷和第 9 卷有所帮助	第 9 卷使用了 R 语言（lavaan 包）和 MPlus
3 文献回顾和荟萃分析	本系列工具书的先导，尤其是对第 2 卷、第 3 卷、第 4 卷和第 5 卷有所帮助	SPSS、STATA 和 SAS；准备统计分析
4 研究设计与研究资源	第 2 卷、第 5 卷、第 6 卷和第 9 卷；准备和强调研究设计的基础	/
5 抽样	第 2 卷、第 4 卷和第 9 卷	Excel（不直接用于统计分析，但它是处理抽样框的有用工具）和第 2 卷中在其他方面的使用。在 R 语言、SPSS、STATA 和 SAS 中考虑调查设计

续表

章节	卷目	统计软件
6 数据收集：调查和问卷设计简介	第 4 卷和第 5 卷	SPSS（本卷的第 7 章也使用）
7 二次分析与数据管理	第 5 卷	SPSS、STATA 和 SAS
8 定量研究的社会情境	所有卷目	

表 9 - 2　　　　　不同卷目之间的联系（第 7 卷及以后）

卷目	卷目	统计软件
7 线性回归：统计模型概论	第 8 卷、第 9 卷、第 10 卷和第 11 卷	R 语言
8 类别变量和计数变量回归模型	第 9 卷、第 10 卷和第 11 卷	R 语言
9 现代统计建模技术概论	第 7 卷、第 8 卷和第 10 卷	R 语言和 MPlus
10 因果推断方法	第 7 卷、第 8 卷和第 9 卷	RStudio
11 大数据挖掘与复杂科学	第 7 卷、第 8 卷、第 9 卷和第 10 卷	RStudio

　　上表仅供参考。就像统计方法的应用一样，你的路径不一定是线性的（即不一定是按顺序学习），当你学会了本系列工具书的所有内容时，总会有新的研究工具可以获取。祝你未来的阅读和研究顺利！

术　语

个案（case）：在社会科学研究中，个案通常代表研究中的个体。但不要将个案与单个人的案例研究相混淆。个案不一定是个人样本，而是基本的分析单位，可以包括公司、学校、医院乃至公共汽车等组织。这些组织可能由很多个人组成，但我们感兴趣的是整个组织（如公司在银行的破产问题、学校的开除问题、医院床位容量或公共汽车能够遵守的时间表等）。在定义研究问题时，就需要明确分析单位（或个案）的构成。

数据管理（data management）：数据管理包括变量类型的转换（如将连续变量转化为类别变量）、构建编码框架（通常应用于计算机辅助调查中）、检查各个变量是否存在异常值以及检查受访者填答问卷逻辑的一致性。数据管理还包括在做数据分析时对缺失值进行处理以及分析纵向数据时的数据合并问题。此外，在数据中保持一致的编码也是数据管理过程的重要组成部分。

伦理（ethics）：伦理在哲学和社会科学研究中有多种定义，这些定义也有相通之处。在哲学中，伦理是道德层面的问题，并且通常是对道德的普遍形式的探索。在社会科学研究中，伦理原则一方面体现在保护研究参与者的行为准则中，另一方面也可以指采用何种类型的研究伦理原则，以及如何/何时报告研究的伦理原则（另见**社会研究的政治立场**）。

假设（hypothesis/es）：假设和理论所采用的逻辑表达形式相同，即"若P则Q"，但假设在社会科学研究中有更具体和更严格的形式。假设可以是命题陈述，即如果一组条件P成立，则Q将出现，这种形式的假设通常被称为"研究假设"。另一种形式的假设主要用于检验统计显著性，其逻辑形式也基本相同，被称为"统计假设"。统计假设纳入了概率统计的相关内容，从而模拟自然科学的研究程序去证实或证伪假设。事实上，假设检验长期以来受到心理学研究的青睐，它通常基于实验研究，但也用于社会科学定量研究当中，特别是实验研究（另见**理论**）。

文献回顾（literature review）：文献回顾是指对既往文献的回顾和解释，旨在了解既往文献的研究方式及其结果。文献回顾通常是在研究中持续进行的，即便在完成实证研究工作后，再回到文献回顾环节也是正常的，因为通过文献回顾可以帮助解释和理解实证结果。

纵向数据分析（longitudinal data analysis）：纵向数据分析是指用通过对观测样本（个案）的追踪调查获得的数据进行分析。纵向调查数据和重复调查数据的主要区别在于（样本和总体中的）分析单位，重复调查的每一次调查所覆盖的样本（个案）是不同的，也被称为连续调查。

客观性和主观性（objectivity and subjectivity）：客观性和主观性有时被视为是对立的，并且客观性也被错误地与价值无涉混为一谈。尽管社会以主体性和主体间性为基础，但科学的社会研究的目标是超越研究者自身的主体性。所有研究都始于价值观、伦理或方法论，这些都将对研究产生影响，但它们不应决定研究结果（另见**社会研究的政治立场**）。

概率抽样（probability sampling）：概率抽样是指每个个体都有一个已知且可计算的被抽中的概率。而非概率抽样则没有。为了进行概率抽样，研究者需要获得覆盖目标总体的最新抽样框（列表）。在抽样概率中如有不按比例分配样本的情况，则需要在事后分析阶段重新加权。

问卷设计（questionnaire design）：问卷设计主要指设计问卷中的调查问题的过程，目的是最大限度地提高信度和效度，并减少无回答。问卷中的调查问题主要分为三类：属性类、行为类和态度/信仰类。问卷设计的过程通常始于对概念的界定，旨在为随后的实证分析提供基础。这个过程有时被称为"走下抽象的阶梯"。在问卷设计的过程中，研究者通常会利用调查问卷初稿进行预调查并进行修改，以减少错误并最大限度地提高信度和效度。

信度（reliability）：如果在不同场合询问相同的受访者，那么我们的调查问题会在多大程度上得到相同的回答？一项调查可能可靠，也可能无效。信度主要用于评价一组指标对某一问题的测量是否相关（参见量表），其中我们关注的是指标的内部一致性（不同指标间具有较高的相关性），并且一般通过克朗巴赫阿尔法系数（Cronbach's alpha）进行检验（另见**有效性**）。

研究设计（research design）：研究设计是构建研究的基本逻辑。本书承继大卫·德沃斯所提出的四种研究设计——横截面研究设计、个案研究设计、实验研究设计和纵向研究设计。四种研究设计并不对应着需要使用四种特定的方法，每种研究设计中都可能会使用不同的方法。这四种研究设计只是"理想类型"，在实践中，一项研究可能会综合利用这些研究设计，例如，将个案研究嵌入横截面研究设计中（另见**调查设计**）。

研究质量（research quality）：研究质量致力于最大限度地提高研究在方法论和研究伦理方面的科学性和合理性。研究质量可能会受到多种因素的影响，包括政治立场、研究资源、研究人员技能、研究设计、工具（通常是调查问卷）设计以及分析的完整性或质量等因素。

研究题目（research questions）：研究题目是以一个或多个问题的形式陈述的在研究中要回答的具体问题。从收集数据到分析数据，研究题目发挥着重要作用。研究题目通常先于研究假设，尽管较少进行严格定义，但通常进行一些解释（另见**假设**）。

167

　　量表（scaling）：量表是一种常用于测量态度的方法，通过提出一组问题（指标）来评估相同的基本概念（如幸福感）。量表的评估通常从检查量表中每对指标之间的相互关系开始，并且需要进行多变量分析，以确认调查指标是否可以被视为测量单一维度。如果这些测量指标指向单一维度，研究人员就可以创建总加指数或汇总测量标准。量表也常用于结构方程建模中的测量模型中（参见本系列工具书第 9 卷），其中调查指标是潜变量的观察指标。

　　二手数据分析（secondary data analysis）：二手数据分析是指对已有的数据，包括文本、人为痕迹、视觉材料、声音和数字等进行分析。在本系列工具书中，重点是对已有调查数据的统计分析。

168　　**调查设计（survey design）**：调查设计包括抽样设计、数据资料收集方式（当面访问、电话调查、计算机辅助调查、在线调查等）和调查问卷设计（问题顺序、措辞、长度），以及后续电话回访或尝试获得资助（学术机构资助、政府资助、慈善机构资助等）（另见**研究设计**）。

　　理论（theory）：理论是"若 P 则 Q"形式的命题陈述。从逻辑形式上来看，它们相当于假设。但理论有不同的种类，可能是非正式的、与日常看法几乎没有什么不同的"民间理论"；可能是为广泛的社会现象提供了解释模式的"宏大理论"；也可能是"中层理论"，它们与自然科学家使用的理论很接近，并且是可检验的陈述，可以解释在特定社会历史/文化背景下的有限范围的社会现象（另见**假设**）。

　　社会研究的政治立场（the politics of social research）：大多数研究都有政治立场或受到政治影响——不一定是"党派"或意识形态立场，而是研究的特定主题及其社会情境的结果。同样，一旦进行研究，它就可能产生政治影响，如影响公共政策的制定、解释、改变或废除（另见**伦理**）。

效度（validity）：效度涉及测量预期目标（如精神状况）的有效程度。测量标准是否代表了（信仰、行为、环境的）"真实"状态？对测量指标有效性的评估将涉及以下内容：表面效度（专家是否同意调查问题的字面含义）、内容效度（测量指标是否涵盖概念的所有方面）、结构效度（测量指标能否准确衡量其要评估的内容）、同时效度（理论或既往研究是否已经提出了测量的其他关键变量）、预测效度（理论和既往研究是否表明测量的措施可以预测相关变量）或准则效度（是否有一个明确的测量指标作为"基准"检查测量方法）（另见信度）。

变量（variables）：变量是调查问卷的编码（数字化）结果。每个人或个案都由一组数字表示，这些数字总结了每个人对问题的回答（或没有回答）情况。仅当研究人员进行解释时，单个变量或多个变量中的数字才有意义（例如，数字作为标签、数字作为依恋强度、数字作为数量）。这 169 些数字的值在样本中会有所不同，因此被称为"变量"。

参考文献

Adair, J. G. (1984). The Hawthorne effect: A reconsideration of the methodological artifact. *Journal of Applied Psychology, 69*(2), 334–345. https://doi.org/10.1037/0021-9010.69.2.334

Ahmad, W. (1999). 'Ethnic statistics: better than nothing or worse than nothing?' In Dorling, D. and Simpson, S. (Eds.) *Statistics and society: The arithmetic of politics* (pp. 124–131). Arnold.

Bauman, Z. (1999). *Liquid modernity*. Polity Press.

Bawin-Legros, B. (2004). Intimacy and the new sentimental order. *Current Sociology, 52*(2), 241–250. https://doi.org/10.1177/0011392104041810

Bellhouse, D. R. (1988). A brief history of random sampling methods. In P. R. Krishnaiah & C. R. Rao (Eds.), *Handbook of statistics* (Vol. 6, pp. 1–14). Elsevier Science. https://doi.org/10.1016/S0169-7161(88)06003-1

Bernard, J., Daňková, H., & Vašát, P. (2018). Ties, sites and irregularities: Pitfalls and benefits in using respondent-driven sampling for surveying a homeless population. *International Journal of Social Research Methodology, 21*(5), 603–618. https://doi.org/10.1080/13645579.2018.1454640

Blaikie, N. (2007). *Approaches to social enquiry* (2nd ed.). Cambridge University Press.

Blalock, H. (1961). *Causal inference in nonexperimental research*. University of North Carolina Press.

Blanchard, R. D., Bunker, J. B., & Wachs, M. (1977). Distinguishing aging, period and cohort effects in longitudinal studies of elderly populations. *Socio-Economic Planning Sciences, 11*(3), 137–146. https://doi.org/10.1016/0038-0121(77)90032-5

Blau, P., & Duncan, O. (1978). *The American occupational structure*. Free Press.

Bohannon, J. (2013). Who's afraid of peer review? *Science, 342*(6154), 60–65. https://doi.org/10.1126/science.342.6154.60

Bowling, A. (2005). Mode of questionnaire administration can have serious effects on data quality. *Journal of Public Health, 27*(3), 281–291. https://doi.org/10.1093/pubmed/fdi031

Bramley, G., & Fitzpatrick, S. (2018). Homelessness in the UK: Who is most at risk? *Housing Studies, 33*(1), 96–116. https://doi.org/10.1080/02673037.2017.1344957

Buck, M., Bryant, L., & Williams, M. (1993). *Housing and households in Cornwall: A pilot study of Cornish families.* Department of Applied Social Science, University of Plymouth.

Bulmer, M. (2015). *The uses of social research (Routledge Revivals): Social investigation in public policy making.* Routledge. https://doi.org/10.4324/9781315697451

Byrne, D. (2002). *Interpreting quantitative data.* Sage. https://doi.org/10.4135/9781849209311

Byrne, D., & Ragin, C. (2009). *The SAGE handbook of case based methods.* Sage. https://doi.org/10.4135/9781446249413

Calderwood, L., & Lessof, C. (2009). Enhancing longitudinal surveys by linking to administrative data. In R. M. Groves, G. Kalton, J. N. K. Rao, N. Schwarz, C. Skinner, & P. Lynn (Eds.), *Methodology of longitudinal surveys* (pp. 55–72). Wiley. https://doi.org/10.1002/9780470743874.ch4

Callegaro, M., Manfreda, K. L., & Vehovar, V. (2015). *Web survey methodology.* Sage.

Cambridge University Press. (1995). Sampling. In *Cambridge International Dictionary of English.* Retrieved December 10, 2017, from https://dictionary.cambridge.org/dictionary/english/sampling

Campbell, D. T., & Stanley, J. C. (1963). Experimental and quasi-experimental designs on teaching. In N. L. Gage (Ed.), *Handbook of research on teaching* (pp. 171–246). Rand McNally.

Cannell, C. F., & Fowler, F. J. (1963). A comparison of self-enumerative procedure and a personal interview: A validity study. *Public Opinion Quarterly, 27*(2), 250–264. https://doi.org/10.1086/267165

Cartwright, N. (2003). *Hunting causes and using them: Approaches in philosophy and economics.* Cambridge University Press.

Cartwright, N. (2004). Causation: One word, many things. *Philosophy of Science, 71*(5), 805–819. https://doi.org/10.1086/426771

Champion, A. G. (1994). Population change in Britain since 1981: Evidence for continuing deconcentration. *Environment and Planning A: Economy and Space, 26*(10), 1501–1520. https://doi.org/10.1068/a261501

Champion, T. (2001). Urbanisation, surburbanisation, counterurbanisation and reurbanisation. In R. Paddison (Ed.), *Handbook of urban studies* (pp. 143–161). Sage. https://doi.org/10.4135/9781848608375.n9

Collett, T., Williams, M., Maconachie, M., Chandler, J., & Dodgeon, B. (2006). 'Long termness' with regards to sickness and disability: An example of the value of longitudinal data for testing reliability and validity. *International Journal of Social Research Methodology, 9*(3), 224–243. https://doi.org/10.1080/13645570600656462

Couper, M. P. (2008). *Designing effective web surveys*. Cambridge University Press. https://doi.org/10.1017/CBO9780511499371

Czaja, R., & Blair, J. (2005). *Designing surveys: A guide to decisions and procedures* (2nd ed.). Sage. https://doi.org/10.4135/9781412983877

Dale, A., & Marsh, C. (Eds.). (1993). *The 1991 census user's guide*. Her Majesty's Stationery Office.

de Vaus, D. A. (2001). *Research design in social research*. Sage.

de Vaus, D. A. (2014). *Surveys in social research* (6th ed.). Routledge. https://doi.org/10.4324/9780203519196

Devine, F., & Heath, S. (1999). *Sociological research methods in context*. Macmillan. https://doi.org/10.1007/978-1-349-27550-2

Dodgeon, B., Patalay, P., Ploubidis, G. B., & Wiggins, R. D. (2020). Exploring the role of early life circumstances, abilities and achievements on well-being at age 50 years: Evidence from the 1958 British Birth Cohort Study. *BMJ Open, 10*(2), Article e031416. https://doi.org/10.1136/bmjopen-2019-031416

Dorling, D. (2007). How many of us are there and where are we? Validation of the 2001 Census and its revisions. *Environment and Planning A: Economy and Space, 39*(5), 1024–1044. https://doi.org/10.1068/a38140

Drew, D., Fosam, B., & Gilborn, D. (1995). Race, IQ and the underclass: Don't believe the hype. *Radical Statistics*, (60), 2–21. www.radstats.org.uk/no060/drewetal.pdf

Durrant, G. B. (2005). *Imputation methods for handling non-response in the social sciences: A methodological review* (NCRM Methods Review Paper No. NCRM/002). ESRC National Centre for Research Methods. http://eprints.ncrm.ac.uk/86/1/MethodsReviewPaperNCRM-002.pdf

Elo, S., Kääriäinen, M., Isola, A., & Kyngäs, H. (2013). Developing and testing a middle-range theory of the well-being supportive physical environment of home-dwelling elderly. *Scientific World Journal, 2013*, Article 945635. https://doi.org/10.1155/2013/945635

Erens, B., Phelps, A., Clifton, S., Mercer, C. H., Tanton, C., Hussey, D., Sonnenberg, P., Macdowall, W., Field, N., Datta, J., Mitchell, K., Copas, A. J., Wellings, K., & Johnson, A. M. (2014). Methodology of the third British National Survey of Sexual Attitudes and Lifestyles (Natsal-3). *Sexually Transmitted Infections, 90*(2), 84–89. https://doi.org/10.1136/sextrans-2013-051359

Erikson, R., & Goldthorpe, J. (2010). Has social mobility in Britain decreased? Reconciling divergent findings on income and class mobility. *British Journal of Sociology, 61*(2), 211–230. https://doi.org/10.1111/j.1468-4446.2010.01310.x

Fecher, B., & Friesike, S. (2014). Open science: One term, five schools of thought. In S. Bartling & S. Friesike (Eds.), *Opening science: The evolving guide on how the internet is changing research, collaboration and scholarly publishing* (pp. 17–47). Springer. https://doi.org/10.1007/978-3-319-00026-8_2

Feller, W. (2008). *An introduction to probability: Theory and its applications* (2nd ed., Vol. 2). Wiley.

Ferri, C. P., Prince, M., Brayne, C., Brodaty, H., & Fratiglioni, L. (2005). Global prevalence of dementia: A Delphi consensus study. *Lancet, 266*(9503), 2112–2117. https://doi.org/10.1016/S0140-6736(05)67889-0

Field, A. (2018). *Discovering statistics using IBM SPSS statistics*. Sage.

Flick, U. (2016). *An introduction to qualitative research* (6th ed.). Sage.

Foster, K. (1993). The electoral register as a sampling frame. *Survey Methods Bulletin, 33*(7), 1–7.

Freedman, D. (2011). Statistical models and shoe leather. In A. Vayda & B. Walters (Eds.), *Causal explanation for social scientists* (pp. 151–167). Rowman & Littlefield.

Fugard, A. (2020). Should trans people be postmodernist in the streets but positivist in the spreadsheets? *International Journal of Social Research Methodology, 23*(5), 525–531. https://doi.org/10.1080/13645579.2020.1768343

Geoff, P., Judy, P., & Hyde, M. (1996). 'Refuse of all classes?' Social indicators and social deprivation. *Sociological Research Online, 1*(1), 50–68. https://doi.org/10.5153/sro.1293

Giddens, A. (1993). *New rules of sociological method: A positive critique of interpretative sociologies*. Stanford University Press.

Gillies, D. (2000). *Philosophical theories of probability*. Routledge.

Godfroy Genin, A.-S., & Pinault, C. (2011). The benefits of comparing grapefruits and tangerines: A toolbox for European cross-cultural comparisons in engineering education – Using this toolbox to study gendered images of engineering among students. *European Journal of Engineering Education, 31*(1), 22–33. https://doi.org/10.1080/03043790500429989

Goldthorpe, J. (1985). On economic development and social mobility. *British Journal of Sociology, 36*(4), 549–573. https://doi.org/10.2307/590331

Goldthorpe, J. (2016). Social class mobility in modern Britain: Changing structure, constant process. *Journal of the British Academy, 4*, 89–111. https://doi.org/10.5871/jba/004.089

Gough, D., Ollver, S., & Thomas, J. (2012). *An introduction to systematic reviews* (2nd ed.). Sage.

Gouldner, A. (1973). *For sociology: Renewal and critique in sociology today*. Penguin.

Greenaway, M., & Russ, B. (2016). *A guide to calculating standard errors for ONS social surveys* (ONS Methodology Working Paper Series No. 9). Office for National Statistics. www.ons.gov.uk/methodology/methodologicalpublications/generalmethodology/onsworkingpaperseries/onsmethodologyworkingpaperseriesno9guidetocalculatingstandarderrorsforonssocialsurveys#toc

Griffith, L., van den Heuvel, E., Fortier, I., Hofer, S., Raina, P., Sohel, N., Papette, H., Wolfson, C., & Belleville, S. (2013). *Harmonization of cognitive measures in individual participant data and aggregate data meta analysis* (Report No. 13-EHC040). Agency for Healthcare Research and Quality.

Groves, R. M. (2006). Nonresponse rates and nonresponse bias in household surveys. *Public Opinion Quarterly, 70*(5), 646–675. https://doi.org/10.1093/poq/nfl033

Groves, R. M. (2011). Three eras of survey research. *Public Opinion Quarterly, 76*(5), 861–871. https://doi.org/10.1093/poq/nfr057

Groves, R. M., Fowler, F. J., Jr., Couper, M. P., Lepkowski, J. M., Singer, E., & Tourangeau, R. (2009). *Survey methodology* (2nd ed.). Wiley.

Haig, J. (2012). Historical sketch. In *Probability: A very short introduction* (pp. 27–42). Oxford University Press. https://doi.org/10.1093/actr ade/9780199588480.003.0003

Haug, C. (2015). Peer-review fraud: Hacking the scientific publication process. *New England Journal of Medicine, 373*(25), 2393–2395. https://doi.org/10.1056/ NEJMp1512330

Heckathorn, D. D. (1997). Respondent driven sampling: A new approach to the study of hidden populations. *Social Problems, 44*(2), 174–199. https://doi. org/10.2307/3096941

Higgins, J. P. T., Thomas, J., Chandaler, J., Cumpston, M., Li, T., Page, M. J., & Welch, V. A. (Eds.). (2019). *The Cochrane handbook for the systematic review of interventions* (2nd ed.). Wiley-Blackwell. https://doi. org/10.1002/9781119536604

Hobbs, G., & Vignoles, A. (2010). Is children's free school meal 'eligibility' a good proxy for family income? *British Educational Research Journal, 36*(4), 673–690. https://doi.org/10.1080/01411920903083111

Horowitz, I. (1967). *The rise and fall of Project Camelot.* MIT Press.

Jacobs, K., Kemeny, K., & Manzi, T. (2003). Privileged or exploited council tenants: The discursive change in conservative housing policy from 1972–1980. *Policy & Politics, 31*(3), 307–320. https://doi.org/10.1332/030557303322034965

Janack, M. (2002). Dilemmas of objectivity. *Social Epistemology, 16*(3), 267–281. https://doi.org/10.1080/0269172022000025624

Joshi, H., & Fitzsimmons, E. (2016). The Millennium Cohort Study: The making of a multi-purpose resource for social science and policy. *Longitudinal and Life Course Studies, 7*(4), 409–430. https://doi.org/10.14301/llcs.v7i4.410

Jowell, R. (1986). The codification of statistical ethics. *Journal of Official Statistics, 2*(3), 217–253.

Jowell, R., Roberts, C., Fitizgerald, R., Eva, G. (Eds.) (2007). *Measuring attitudes cross nationally: Lessons from the European Social Survey.* Sage.

Kalton, G., & Flores-Cervantes, I. (2003). Weighting methods. *Journal of Official Statistics, 19*(2), 81–97.

Kincaid, H. (1996). *Philosophical foundations of the social sciences: Analyzing controversies in social research.* Cambridge University Press. https://doi.org/10.1017/CBO9780511625442

Kish, L. (1965). *Survey sampling.* Wiley.

Krosnick, J. A., Narajam, S., & Smith, W. R. (1996). *Satisficing in surveys: Initial evidence.* Wiley. https://doi.org/10.1002/ev.1033

Laslett, P. (1989). *A fresh map of life: The emergence of the third age.* Weidenfeld & Nicolson.

Lavrakas, P. J. (2008). *Encyclopaedia of survey research methods.* Sage. https://doi.org/10.4135/9781412963947

Layard, R. (2006). Happiness and public policy: A challenge to the profession. *Economic Journal, 116*(150), C24–C33. https://doi.org/10.1111/j.1468-0297.2006.01073.x

Linacre, J. (2002). Optimizing rating scale category effectiveness. *Journal of Applied Measurement, 3*(1), 85–106.

Litwin, M. (1995). *How to measure survey reliability and validity.* Sage. https://doi.org/10.4135/9781483348957

Litwin, M. (2003). *How to assess and interpret survey psychometrics* (2nd ed.). Sage. https://doi.org/10.4135/9781412984409

Longino, H. (1990). *Science as social knowledge: Values and objectivity in scientific enquiry.* Princeton University Press. https://doi.org/10.1515/9780691209753

Marsh, C. (1982). *The survey method: The contribution of surveys to sociological explanation.* Allen & Unwin.

Marsh, C., & Scarborough, E. (1990). Testing nine hypotheses about quota sampling. *Journal of the Market Research Society, 32*(4), 485–506.

Merton, R. (1968). *Social theory and social structure.* Free Press.

Meyer, B. D., & Mittag, N. (2019). *Combining administrative and survey data to improve income measurement* (Working Paper No. 25738). National Bureau of Economic Research. https://doi.org/10.3386/w25738

Mostata, T., & Wiggins, R. D. (2015). The impact of attrition and non-response in birth cohort studies: A need to incorporate missingness strategies. *Longitudinal and Life Course Studies, 6*(2), 131–146. https://doi.org/10.14301/llcs.v6i2.312

Musgrove, F. (1963). *The migratory elite.* Heinemann.

Newcomb, M. D., & Bentler, P. M. (1988). Impact of adolescent drug use and social support on problems of young adults: A longitudinal study. *Journal of Abnormal Psychology, 97*(1), 64–75. https://doi.org/10.1037/0021-843X.97.1.64

Newton-Smith, W. (1981). *The rationality of science*. Routledge & Kegan Paul.

Nolan, D. (1997). Quantitative parsimony. *British Journal for Philosophy of Science*, *48*(3), 329–343. https://doi.org/10.1093/bjps/48.3.329

Oakes, J. M., & Johnson, J. P. (2006). Propensity score matching for social epidemiology. In J. M. Oakes & J. S. Kaufman (Eds.), *Methods in social epidemiology* (1st ed., pp. 370–393). Wiley.

Office for National Statistics. (2017). *User guide to crime statistics for England & Wales*. www.ons.gov.uk

Oppenheim, A. (1992). *Questionnaire design, interviewing and attitude measurement*. Pinter.

Pallant, J. (2020). *SPSS survival guide to data analysis using IBM SPSS* (7th ed.). Blackwell.

Pawson, R. (2000). Middle-range realism. *European Journal of Sociology/ Archive Européenes de Sociologie*, *41*(2), 283–325. https://doi.org/10.1017/S0003975600007050

Popper, K. (1966). *The open society and its enemies: Vol. 2. The high tide of prophecy: Hegel, Marx and the aftermath*. Routledge & Kegan Paul.

Popper, K. (1968). *Conjectures and refutations: The growth of scientific knowledge*. Harper & Row.

Proctor, R. (1991). *Value free science: Purity and power in modern knowledge*. Harvard University Press.

Riegg, S. K. (2008). Causal inference and omitted variable bias in financial aid research: Assessing solutions. *Review of Higher Education*, *31*(3), 329–354. https://doi.org/10.1353/rhe.2008.0010

Rosenbaum, P. R., & Rubin, D. (1983). The central role of the propensity score in observational studies of causal effects. *Biometrika*, *70*(1), 41–55. https://doi.org/10.1093/biomet/70.1.41

Rowland, D. T. (2012). The Third Age. In D. T. Rowland (Ed.), *Population aging: The transformation of societies* (pp. 167–181). Springer. https://doi.org/10.1007/978-94-007-4050-1_11

Rubin, D. (2008). Statistical inference for causal effects, with emphasis on applications in epidemiology and medical statistics. In C. Rao, J. Miller, & D. Rao (Eds.), *Handbook of statistics, epidemiology and medical statistics* (Vol. *27*, pp. 28–63). Elsevier. https://doi.org/10.1016/S0169-7161(07)27002-6

Rutter, M., Tizard, J., & Whitmore, K. (1970). *Education, health and behaviour*. Longman.

Saunders, P. (1990). *A nation of home owners*. Unwin Hyman.

Savage, M., & Burrows, R. (2007). The coming crisis of empirical sociology. *Sociology*, *41*(5), 885–899. https://doi.org/10.1177/0038038507080443

Schlipp, P. (Ed.). (1991). *The philosophy of Rudolph Carnap*. Open Court.

Setia, M. S. (2016). Methodological series module 1: Cohort studies. *Indian Journal of Dermatology*, *61*(1), 21–25. https://doi.org/10.4103/0019-5154.174011

Sloan, L. (2017). Who tweets in the United Kingdom? Profiling the Twitter population using the British Social Attitudes Survey 2015. *Social Media + Society*, *3*(1). https://doi.org/10.1177/2056305117698981

Stahl, S. A., & Miller, P. D. (1989). A whole language and language experience for beginning reading: A quantitative research synthesis. *Review of Education Research*, *59*(1), 87–116. https://doi.org/10.3102/00346543059001087

Stephens, C., & Sukumar, R. (2006). Introduction to data mining, In R. Grover & M. Vriens (Eds.), *The handbook of marketing research* (pp/ 455–485). Sage.

Stinchcombe, A. L. (1968). *Constructing social theories*. Chicago University Press.

Stouffer, S. (1949). *The American soldier*. Princeton University Press.

Stuart, A. (1964). *Basic ideas of scientific sampling* (2nd ed.). Charles Griffin.

Sudman, S. (1966). Probability sampling with quotas. *Journal of the American Statistical Association*, *61*(315), 749–771. https://doi.org/10.1080/01621459.1966.10480903

Sudman, S., & Cowan, C. D. (1988). Sampling rare and elusive populations. *Science*, *240*(4855), 991–996. https://doi.org/10.1126/science.240.4855.991

Sullivan, A. (2020). Sex and the census: Why surveys should not conflate sex and gender identity. *International Journal of Social Research Methodology*, *23*(5), 517–524. https://doi.org/10.1080/13645579.2020.1768346

Sykes, W., & Collins, M. (1992). Anatomy of the survey interview. *Journal of Official Statistics*, *8*(3), 277–291.

Tarnopolsky, A., Barker, S. M., Wiggins, R. D., & McLean, E. K. (1978). The effect of aircraft noise on the mental health of a community sample: A pilot study. *Psychological Medicine*, *8*(2), 219–233. https://doi.org/10.1017/S0033291700014276

Tarnopolsky, A., Hand, D. J., McLean, E. K., Roberts, H., & Wiggins, R. D. (1979). Validity and uses of a screening questionnaire in the community. *British Journal of Psychiatry*, *134*(5), 508–519. https://doi.org/10.1192/bjp.134.5.508

Tarnopolsky, A., & Morton-Williams, J. (1980). *Aircraft noise and psychiatric morbidity: Research report*. Social and Community Planning Research.

Tashakkori, A., & Teddle, C. (2010). *The SAGE handbook of mixed methods for the social and behavioural sciences* (2nd ed.). Sage. https://doi.org/10.4135/9781506335193

Tennant, R., Hiller, L., Fishwick, R., Platt, S., Joseph, S., Weich, S., Parkinson, J., Secker, J., & Stewart-Brown, S. (2007). The Warwick–Edinburgh mental well-being scale (WEMWBS): Development and UK validation. *Health and Quality of Life Outcomes*, *5*, Article 63. https://doi.org/10.1186/1477-7525-5-63

Thomas, R., & Purdon, S. (1994). Telephone methods for social surveys. *Social Research Update*, (8), 1–6. https://sru.soc.surrey.ac.uk/SRU8.html

Tourangeau, R., Conrad, F., & Couper, M. (2013). *The science of web surveys*. Oxford University Press. https://doi.org/10.1093/acprof:oso/9780199747047.001.0001

Vogt, W. P. (2007). *Quantitative research methods for professionals*. Pearson.

Ware, L., Maconachie, M., Williams, M., Chandler, J., & Dodgeon, B. (2007). Gender life course transitions from the nuclear family in England and Wales 1981–2001. *Sociological Research Online*, 12(4), 49–60. https://doi.org/10.5153/sro.1544

Weber, M. (1949). *The methodology of the social sciences*. Free Press.

Wickham, H., & Grolemund, G. (2017). *R for data science: Import, tidy, transform, visualize and model data*. Blackwell.

Wiggins, R. D., Netuveli, G., Hyde, M., Higgs, P., & Blane, D. (2008). The evaluation of a self-enumerated scale of quality of life (CASP-19) in the context of research on ageing: A combination of exploratory and confirmatory approaches. *Social Indicators Research*, 89(1), 61–77. https://doi.org/10.1007/s11205-007-9220-5

Williams, M. (2000). Interpretivism and generalisation. *Sociology*, 34(2), 209–224. https://doi.org/10.1017/S0038038500000146

Williams, M. (2003). The problem of representation: Realism and operationalism in survey research. *Sociological Research Online*, 8(1), 81–91. https://doi.org/10.5153/sro.779

Williams, M. (2006). Can scientists be objective? *Social Epistemology*, 20(2), 163–180. https://doi.org/10.1080/02691720600807468

Williams, M. (2016). *Key concepts in the philosophy of social research*. Sage. https://doi.org/10.4135/9781473982758

Williams, M. (2018). Making up mechanisms in realist research. In N. Emmel, J. Greenhalgh, A. Manzano, M. Monaghan, & S. Dalkin (Eds.), *Doing realist research* (pp. 25–40). Sage. https://doi.org/10.4135/9781526451729.n3

Williams, M. (2021). *Realism and complexity in social science*. Routledge.

Williams, M., & Champion, T. (1998). Cornwall, poverty and in migration. In P. Payton (Ed.), *Cornish studies* (2nd Series, Vol. 6, pp. 118–126). University of Exeter Press.

Williams, M., & Cheal, B. (2001). Is there any such thing as homelessness? Measurement, explanation and process in 'homelessness' research. *Innovation: European Journal of Social Research*, 14(3), 239–253. https://doi.org/10.1080/13511610120102600

Williams, M., & Dale, A. (1991). *Measuring housing deprivation using the OPCS Longitudinal Study* (LS Working Paper No. 72). SSRU.

Williams, M., & Husk, K. (2013). Can we, should we measure ethnicity? *International Journal of Social Research Methodology*, 16(4), 285–300. https://doi.org/10.1080/13645579.2012.682794

Williams, M., Payne, G., & Hodgkinson, L. (2008). Does sociology count? Student attitudes to the teaching of quantitative methods. *Sociology*, *42*(5), 1003–1022. https://doi.org/10.1177/0038038508094576

Williams, M., Sloan, L., & Brookfield, C. (2017). A tale of two sociologies: Analysis versus critique in UK sociology. *Sociological Research Online*, *22*(4), 132–151. https://doi.org/10.1177/1360780417734146

Williams, M. L., Burnap, P., & Sloan, L. (2016). Crime sensing with big data: The affordances and limitations of using open source communications to estimate crime patterns. *British Journal of Criminology*, *57*(2), 320–334. https://doi.org/10.1093/bjc/azw031

Wilson, W. (1997). *When work disappears: The world of the new urban poor*. Vintage.

Zmerli, S., & Hooghe, M. (Eds.). (2011). *Political trust: Why context matters*. ECPR Press.

索　引
（所注页码为英文原书页码）

图书在版编目（CIP）数据

如何做定量研究？ /（ ）马尔科姆·威廉姆斯
(Malcolm Williams)，（ ）理查德·D. 威金斯
(Richard D. Wiggins)，（ ）W. 保罗·沃格特
(W. Paul Vogt) 著；王金水译 . --北京：中国人民大
学出版社，2025.1. --（社会科学研究方法系列丛书）.
ISBN 978-7-300-33344-1

Ⅰ. C934

中国国家版本馆 CIP 数据核字第 2024EU8309 号

社会科学研究方法系列丛书
如何做定量研究？
马尔科姆·威廉姆斯（Malcolm Williams）
理查德·D. 威金斯（Richard D. Wiggins）　著
W. 保罗·沃格特（W. Paul Vogt）
王金水　译
Ruhezuo Dingliang Yanjiu?

出版发行	中国人民大学出版社			
社　址	北京中关村大街 31 号		**邮政编码**	100080
电　话	010 - 62511242（总编室）		010 - 62511770（质管部）	
	010 - 82501766（邮购部）		010 - 62514148（门市部）	
	010 - 62515195（发行公司）		010 - 62515275（盗版举报）	
网　址	http://www. crup. com. cn			
经　销	新华书店			
印　刷	天津中印联印务有限公司			
开　本	720 mm×1000 mm　1/16		**版　次**	2025 年 1 月第 1 版
印　张	13. 75 插页 1		**印　次**	2025 年 1 月第 1 次印刷
字　数	194 000		**定　价**	59. 00 元